中国碳金融市场发展研究

——碳期货市场建设思路与制度框架

马险峰　王　遥
梅德文　秦二娃　编著

中国财经出版传媒集团
中国财政经济出版社
·北京·

图书在版编目（CIP）数据

中国碳金融市场发展研究：碳期货市场建设思路与制度框架 / 马险峰等编著. -- 北京：中国财政经济出版社，2024.7. -- ISBN 978-7-5223-3313-7

Ⅰ.F832.2；X511

中国国家版本馆 CIP 数据核字第 2024N3C225 号

责任编辑：郁东敏	责任印制：党　辉
封面设计：中通世奥	责任校对：张　凡

中国碳金融市场发展研究
——碳期货市场建设思路与制度框架
ZHONGGUO TANJINRONG SHICHANG FAZHAN YANJIU
——TANQIHUO SHICHANG JIANSHE SILU YU ZHIDU KUANGJIA

中国财政经济出版社 出版

URL：http://www.cfeph.cn
E-mail：cfeph@cfeph.cn

（版权所有　翻印必究）

社址：北京市海淀区阜成路甲 28 号　邮政编码：100142
营销中心电话：010-88191522
天猫网店：中国财政经济出版社旗舰店
网址：https://zgczjjcbs.tmall.com
中煤（北京）印务有限公司印刷　各地新华书店经销
成品尺寸：170mm×240mm　16 开　9.25 印张　95 000 字
2024 年 7 月第 1 版　2024 年 7 月北京第 1 次印刷
定价：38.00 元
ISBN 978-7-5223-3313-7
（图书出现印装问题，本社负责调换，电话：010-88190548）
本社图书质量投诉电话：010-88190744
打击盗版举报热线：010-88191661　QQ：2242791300

课题组成员

课题组长

马险峰　北京绿色金融协会副会长
　　　　武汉大学兼职教授、博士生导师
　　　　中碳科技（湖北）有限公司董事长

王　遥　中央财经大学国际绿色金融研究院院长
　　　　中国金融学会绿色金融专业委员会副秘书长

梅德文　北京绿色金融协会秘书长
　　　　北京绿色交易所副董事长

专家组成员

秦二娃　北京绿色金融协会研究员
　　　　中碳科技（湖北）有限公司总经理助理

崔　莹　中央财经大学绿色金融国际研究院气候金融
　　　　研究中心主任

綦玖竑　北京绿色交易所董事、总经理助理

刘慧心　中央财经大学绿色金融国际研究院研究员

前言

全球气候变暖日益影响人们的生产和生活,受到越来越多的关注和重视。究其原因,特别是从经济学角度看,温室气体排放不断增加是环境外部性问题,由于市场失灵或政府失灵,造成了成本和收益、稀缺和价格、权利和义务、行为和结果的脱节或背离。要矫正环境外部性问题,需要推动外部成本内部化,尽可能使排放主体承担社会成本。建立碳市场,在清晰界定产权的前提下,通过市场交易形成的价格客观反映社会成本,推动超排放的企业内部承担这一社会成本,从而有助于解决这一外部成本内部化的问题。目前,我国已经建立全国统一的碳配额交易市场以及温室气体自愿减排交易市场,为积极应对气候变化奠定了较为坚实的市场基础。

伴随碳市场建设而来的一个问题在于碳市场是否只是现货市场,是否只需现有的碳配额和中国核证自愿减排(CCER)现货在市场上交易即可。从国际碳市场发展来看,碳市场中的现货交易比例占比远低于碳金融产品交易，且碳金融交易品种丰富，包括期货、期权、质押贷款、债券、国际碳保理融资、碳收益支持票据等。我国从区域碳市场建设开始也一直在开展各种碳金融产品的有益探索。2024年3月，中国人民银行联合国家发展改革委、工业和信息化部、财政部、生态环境部、金融监管总局、中国证监会等七部门发布《关于进一步强化金融支持绿色低碳发展的指导意见》，提出要"推进碳排放权交易市场建设，研究丰富与碳排放权挂钩的金融产品及交易方式，逐步扩大适合我国碳市场发展的交易主体范围"。推动碳金融市场建设将是优化、完善我国碳市场的主要工作任务之一。

广义上，碳金融是指服务于减少温室气体排放的各种金融交易和金融制度安排。它的兴起源于《联合国气候变化框架公约》和《京都议定书》两项国际协议。其中，《京都议定书》规定的三种市场机制催生出一个以二氧化碳排放权为标的资产的碳金融市场。2022年4月，中国证监会发布的金融行业标准《碳金融产品》（JR/T 0244—2022）将碳金融产品分为三大类：碳市场融资工具，包括但不限于碳债券、碳资产抵质押融资、碳资产回购、碳资产托管等；碳市场交易工具，包括但不限于碳远期、碳期货、碳期权、碳掉期、碳借贷等；碳市场支持工具，包括但不限于碳指数、碳保险、碳基金等。其中，碳期货是指期货交易场所统一制定的、规定买方有权在将来某一时间以特定价格买入或卖出碳配额（包括碳期货合约）的标准化合约。从国际市场上来看，碳期货的价格发现、风险分散、增加流动性、减缓价格波动等金融功能，使其成为国际碳市场交易量最大的品种。

带着以上初步思考，本书试图聚焦在中国碳金融中的碳期货市场建设，对其一些基本概念、重要意义、主要功能以及相关监管框架进行了初步探索。我们发现，碳排放权本身存在一定的属性界定问题，这决定了碳期货市场与碳现货市场的发展需要进行监管协调。《京都议定书》中规定，2012年后如果各国就气候问题达成一致，就可以对国际货币新体系——"碳货币"达成一致，届时各国只有购买"碳货币"才能在这个新框架下维持自身发展。从这个规定看，碳排放权具有一定的金融属性。尽管如此，碳排放权属性在不同国家的性质界定存在一定程度的不同。美国和我国均将碳排放权视为商品，这将决定了碳现货、碳期货对应的监管部门将有不同，监管部门之间需要发挥各自优势，建立切实有效的、跨市场的联合监管机制。欧盟将碳排放权纳入金融工具监管体系，这使得欧盟对碳现货、期货等进行统一监管，有利于实现发展欧盟碳市场金融化的战略意图。

国际上，碳排放权的定价市场，存在着碳排放权现货市场定价和碳排排放权期货市场定价两种机制并存的制度安排，并且还存在着定价影响力逐渐从碳现货市场转移到碳期货市场的趋势。碳期货与碳现货息息相关，但仍存在较大不同。从交易机制看，碳期货与碳现货交易的都是较为标准化的产品，并且碳期货市场根源于碳现货市场、服务于碳现货市场，其建立主要是为了完善市场化的价格发现机制和风险管理机制，为碳市场中的控排企业提供低成本、高效率的风险管理手段，以优化产业链企业运行机制、提高资源配置效率。从交易对象、交易目的、交易场所、交易方式、结算方式以及交割时间等方面看，碳期货与碳现货市场之间也存在着明确区别。整体看，碳期货市场形成的碳价和碳现货市场形成的碳价之间存在短期偏离和长期均衡共存的现象。从短期看，政策规定、能源价格、天气变化、股票波动等因素始终是碳期货价格波动的重要影响因素，将不可避免地造成价格对均值的偏离，且碳期货价格调整速度快于碳现货，显示出碳期货市场对碳现货市场的引导作用。从长期看，在市场机制健全和交易量不断提高的背景下，碳期货市场有望向着弱有效市场不断转变，价格逐步回归于理论定价机制下的均衡价格。如期望建设稳定、有效且广泛交易的碳期货市场，在这样的碳市场中，无套利的碳期货定价模型将是价格形成的关键理论指引。

碳期货市场的建立应以全国统一的碳现货市场为基础。在我国，相比全国碳市场，地方的区域性碳市场试点启动更早，涉及的行业范围更广，彼此由相关地区自行设立和独立运行，在碳金融方面已有诸多项尝试。但综合看，区域分置的碳特点并不具备开展碳期货交易的条件。

首先，由于各区域制定的基准价不同、核证核查方法不同，我国的碳配额在七个地区性区域形成七个不同的供求关系体系和碳价格，若在此基础上推出碳期货，则很容易造成全国碳市场价格紊乱。其次，如在区域碳交易引入期货机制，则只能在区域市场内实现价格确定与风险管理，难以服务于全国范围的减排行为，不但使目前区域价差明显和市场分割问题进一步固化，增加区域市场向全国统一碳市场过渡的成本，而且有可能激发区域地区控排企业向非区域地区转移的"碳泄漏"问题。再次，区域碳交易存在市场功能欠缺、公信力不足和强制约束力有待提高等问题，且由于期货市场投资群体具有全国化特征，期货交易机制具有明显的放大效应，若在区域基础上推出碳期货，容易造成区域性风险在全国的扩散和放大。最后，在区域碳交易基础上推出碳期货，可能会出现各自为政、分散市场资源的问题，削弱我国碳市场的整体定价能力，不利于我国企业解决碳关税等国际难题。

当前在一定程度上具备了推行碳期货市场的客观需求和现实基础条件。目前我国碳市场存在明显的履约驱动现象。2023年10月，全国碳市场交易大幅放量，成交了2023年总成交量近44%的配额。2024年以来，全国碳排放权市场碳价呈上涨趋势，较2021年开始价格实现翻番，4月碳价一度突破百元关口，5月碳价仍保持高位，2024年涨幅已超三成多。这一上涨主要受预期配额收紧的影响。在碳市场启动初期，为避免对控排企业造成较大冲击，全国碳市场首个履约期配额分配较为宽松，且为免费。根据 2024 年 5 月 1 日起正式实施的《碳排放权交易管理暂行条例》相关要求，全国碳排放权交易市场将逐步推行免费分配和有偿分配相结合的碳配额分配方式。这些受履约驱动的价格波动将使得控排主体难以管理碳配额的价格风险，给其造成一定的市场顾虑。而期货市场最本质功能就是风险管理，即为控排主体提供了一个管理风险的市场，而这个功能仅仅通过现货市场是难以实现的。同时，我国当前统一的碳市场建设、稳步推进的碳市场相关法规和基础设施，以及运行良好的期货交易市场经验与监管法规条件等，为建立碳期货市场提供了良好的法规与监管条件。2021 年 1 月，经国务院同意、由中国证监会批准，立足服务实体经济、服务绿色发展的广期所正式成立，也为建立碳期货市场奠定了良好的市场基础设施。

加强跨市场监管协调、适当的投资者适当性制度以及相应的信息披露制度等方面的探索，将是碳期货市场建设的工作重点。我国碳货市场的主管部门为生态环境保护部门。碳期货市场一旦建立，作为期货交易市场，还应依据现行期货法规规定受期货监管部门集中统一监督管理，形成由政府监管、交易所管理和行业自律相结合的统一管理体制。为防范行政调节与市场机制衔接问题所带来的潜在风险，碳现货市场的主管部门和期货监管部门应在清晰界定职责分工的基础上，建立碳市场政策方面的监管协调机制，对排放权分配和管理措施及各主体市场准入等政策进行交流，协调行政管理与市场监管的政策口径与出台时机，同时在法律法规的执行上保证管理与监管标准的一致性，以防止监管套利的发生。

碳市场在我国仍是新兴市场，需要培养投资者对市场的风险认知及投资理念。期货交易采用保证金制度，具有杠杆作用，市场风险较高。碳期货专业性强、风险大，客观上要求参与者具备较高的专业水平、较强的经济实力和风险承受能力。我国碳期货市场在强化投资者风险教育的同时，需建立投资者适当性管理制度，使市场参与者的风险认知和风险承受能力与碳创新产品相适应，以保护投资者的合法权益，推动碳市场的健康发展。

碳期货市场建设不可一蹴而就，且发展过程中还受到诸多因素的驱动和影响，具有较大的不确定性。本书作者试图从碳期货的功能作用、理论逻辑、国内外发展实践和基础条件角度，尝试进行相关分析。但由于水平有限，书中难免有不当之处，恳请各位读者不吝赐教，也希望有更多的研究人员和业界人士关注与推动我国碳期货市场的发展。

目录

第一章 应对气候变化背景下发展碳期货的重要意义 ……… 1
  一、碳市场是应对气候变化的有效手段 …………………… 1
  二、发展碳期货市场有助于充分发挥碳市场的减排
    作用 ………………………………………………………… 2
  三、发展碳期货市场有助于增强中国气候治理的
    影响力 ……………………………………………………… 4

第二章 碳金融市场与碳期货交易机制 ……………………… 6
  一、相关概念 …………………………………………………… 6
  二、碳排放权交易的金融属性 ………………………………… 8
  三、碳期货功能 ………………………………………………… 11
  四、碳期货与碳现货的关系 …………………………………… 16
  五、碳期货交易机制 …………………………………………… 20
  六、影响碳期货和碳现货价格的主要因素 …………………… 25

第三章　境外碳市场的监管框架和发展经验 …… 30
一、欧盟碳市场的机制设计与监管框架 …… 30
二、美国碳市场的机制设计与监管框架 …… 42
三、其他国家碳市场的机制设计与监管框架 …… 53
四、国际碳期货市场的发展经验 …… 61

第四章　中国碳金融市场发展情况 …… 69
一、碳市场发展的政策环境 …… 69
二、碳市场发展情况 …… 74
三、推行碳期货市场的客观需求和现有条件 …… 80
四、碳期货发展存在的主要问题 …… 84

第五章　推动中国碳期货发展的几点思考 …… 87
一、碳排放权属性的界定 …… 87
二、碳期货市场建立在全国统一碳市场的基础上 …… 90
三、跨市场监管机制是碳期货市场监管的重点 …… 94
四、提前研判碳期货市场重要监管问题 …… 97
五、构建符合市场供需的碳期货定价机制 …… 98
六、建立碳期货市场投资者适当性制度 …… 100
七、碳期货市场的基础条件及发展路线图 …… 101

附　件 …… 103
附件1　碳排放权交易管理暂行条例 …… 105
附件2　碳排放权登记管理规则（试行） …… 114
附件3　碳排放权交易管理办法（试行） …… 119
附件4　碳排放权结算管理规则（试行） …… 128

后　记 …… 133

第一章

应对气候变化背景下发展碳期货的重要意义

一、碳市场是应对气候变化的有效手段

全球气候变暖日益影响人们的生产和生活,受到越来越多的关注和重视。气候问题的复杂性与紧迫性要求世界各国调整政策和发展方向,建立积极有效的合作机制,共同应对。我国遵守国际公约,积极参与全球应对气候变化行动,2009年向国际社会宣布至2020年的减排目标,2015年进一步提出2030年的自主行动目标,2020年9月提出碳中和目标。

建立碳市场,采用总量控制和交易的方式来进行节能减排,是减缓气候变暖的有效手段。从经济学角度看,温室气体排放是环境外部性问题,由于市场失灵或政府失灵,造成了成本和收益、稀缺和价格、权利和义务、行为和结果的脱节或背离。要矫正环境外部性问题,需要推动外部成本内部化,尽可能使排放主体承担社会成本。根据科斯定理,在清晰界定产权的前提下,市场交易形成的价格能够客观反映社会成本,从而

有助于解决外部性问题。在运用行政、财税、市场等控制温室气体排放的实践中，碳市场显现出社会成本低、效率较高、机会公平、鼓励创新、减排效果好等优势，成为国际社会减排的主流方式和手段。

国际碳行动伙伴组织（International Carbon Action Partnership，SICAP）《2022年度全球碳市场进展报告》显示，截至2022年1月，全球正在运行的碳市场共25个，位于33个司法管辖区，包括1个超国家机构、8个国家、19个省和州以及6个城市，并有22个碳市场正在建设或考虑中，主要分布在南美洲和东南亚。目前，碳市场已覆盖全球17%的温室气体排放，全球将近1/3的人口生活在有碳市场的地区，参与碳排放交易的国家和地区的GDP占全球总生产总值的55%。中国以发电行业为突破口，2021年7月正式启动全国统一的碳市场，覆盖年二氧化碳排放量超50亿吨，成为全球覆盖温室气体排放量最大的碳市场。

二、发展碳期货市场有助于充分发挥碳市场的减排作用

发展碳期货有助于促进碳市场的长期健康发展，提高市场活跃度，起到发现碳价的作用，是推进应对气候变化工作中不可缺少的一部分。形成合理的碳价，引导社会资源向应对气候变化领域倾斜，是碳市场建设发展的目标。围绕这一目标，国际碳市场形成了由配额初始分配市场、现货交易市场和期货及

衍生品市场共同构成的市场体系。其中，碳期货交易以标准化的碳排放权合约为交易标的形成的碳排放权期货价格，成为碳市场定价体系的核心，在实现低碳转型中发挥着不可替代的作用。其作用主要体现在以下两个方面：

（一）开展碳期货交易是实现减排目标的重要方式

碳期货市场通过风险转移、资产定价和成本转化三大功能，充分发挥碳市场减排作用。控排企业借助碳期货交易，可提前锁定减排成本，合理安排生产计划，为顺利实现减排目标提供稳定的外部环境。碳期货价格透明度高、公允性强，能充分反映碳排放权资产价值，有利于协助控排企业从金融机构获得融资，推动社会资本转向低碳领域。与一对一的现货交易方式相比，期货集中撮合方式的交易成本更低，能在远期实现碳排放权的所有权转移，将环境效益和经济效益有效结合。

（二）碳期货是碳市场的主要交易形式

欧盟交易开展的初期，由于控排企业较难把握碳配额总量和实际排放量间的关系，担心履约时配额不足，当期不愿卖出，缺乏参与交易的积极性。在碳期货推出后，控排企业可以利用期货市场规避风险，参与积极性大幅提升。同时，金融机构发现碳期货交易机会，介入市场进行交易，为控排企业碳排放权交易提供了对手方。

三、发展碳期货市场有助于增强中国气候治理的影响力

碳期货市场是争夺国际碳资源的重要平台。碳期货价格是国际碳交易领域议价权的重要依据,也是制定和实施"碳关税"的利器,发展碳市场已经成为大国构建新的全球政治经济体系的战略要素。作为全球第一大碳市场,欧盟早于2005年4月推出了与碳排放配额(EUA)挂钩的碳期货产品,通过输出碳期货市场交易规则和监管安排,在全球碳资源争夺战中抢占了先机。印度是发展中国家中较早推出碳期货产品的国家,但交易的是卖向发达国家的与核证减排量(CER)挂钩的期货,而不是基于自身碳市场中碳资产的期货。

中国碳排放量巨大,尽快发展碳期货,有助于其参与国际碳市场定价,进一步提升在国际气候治理方面的影响力。自美国特朗普政府宣布退出《巴黎协定》后,中国在国际气候治理的作用越来越大。尤其在气候变化国际谈判中,中国积极发挥发达国家与发展中国家"桥梁"的作用,促进发达国家对发展中国家的资金和技术支持,协调各方推进多边谈判的顺利进行,成为2018年12月卡托维兹气候变化大会国际气候谈判达成的关键推动力量。2021年7月,中国正式启动全国统一的碳市场,成为全球覆盖温室气体排放量最大的碳市场。基于现有的碳排放权现货市场,尽快发展碳期货,在国际上,尤其是对于发展中国

家，会起到引领作用，有望带动更多国家和地区采用这种方式来达成减排目标，充分体现中国的大国责任；且随着碳期货市场的逐渐成熟，中国还可借助市场规模的优势，积极参与国际碳市场定价，进一步提升其影响力。

第二章

碳金融市场与碳期货交易机制

一、相关概念

(一) 碳金融市场概念

碳金融（Carbon Finance）是指所有服务于减少温室气体排放的各种金融交易和金融制度安排。它的兴起源于《联合国气候变化框架公约》（United Nations Framework Convention on Climate Change，UNFCCC 或 FCCC）和《京都议定书》（Kyoto Protocol）两项国际协议。其中，《京都议定书》规定的三种市场机制催生出一个以二氧化碳排放权为标的资产的碳金融市场。

碳金融市场（Carbon Finance Market）有狭义和广义之分。

狭义的碳金融市场专指以碳排放权为标的资产的碳交易市场。

广义的碳金融市场则指与温室气体排放相关的各种金融交易活动和金融制度安排。它不仅包括碳排放权交易，还包括一切与碳投融资相关的经济活动。具体包括：

（1）碳信贷市场，如商业银行的碳金融创新、绿色信贷、清洁发展机制（CDM）项目抵押贷款等；

（2）碳现货市场，如基于碳配额和碳项目交易的市场；

（3）碳衍生品市场，如碳远期、碳期货、碳互换、碳期权等衍生产品市场；

（4）碳资产证券化，如碳债券、碳基金等；

（5）机构投资者和风险投资者介入的金融活动，如碳信托、碳保险等；

（6）与发展低碳能源项目投融资活动相关的咨询、担保等碳中介服务市场。

目前，国外几乎没有碳金融市场的概念，也未区分碳市场和碳金融市场，而是直接使用碳市场（Carbon Market）的概念，其原因可能是最原始的碳排放权是免费分配，尚未采用拍卖交易。世界银行和全球著名的碳咨询公司点碳公司均使用碳市场概念，它涵盖了配额市场和项目市场，包括各气候交易所的碳金融产品及衍生产品，但未涵盖银行和保险业所提供的相关金融产品。从涵盖内容来看，国外使用的碳市场与国内使用的碳金融市场差异较大。

（二）碳排放权交易概念

碳排放权（亦称碳权）通常指权利人在符合法律规定的条件下向环境排放污染物的权利。如果允许这项权利在特定条件下进行交易，便成为可交易的排放权，即"碳排放权交易"。"碳排放权交易"的概念最早出现于1997年12月在日本东京签订的《京都议定书》。《京都议定书》把二氧化碳（CO_2）、甲烷（CH_4）、氧化亚氮（N_2O）、氢氟碳化物（HFCs）、全氟碳化物（PFCs）和六氟化硫（SF_6）六种气体确定为温室气体，碳排放权交易被泛化为各类温室气体（GHG）排放权的交易。由于在所有的温室气体中，二氧化碳占据了绝对主导地位，因此温室气体排放权的交易又被简称为"碳交易"，而从事排放权交易的市场被称为"碳交易市场"。

（三）碳期货概念

碳期货（Carbon Future）是以碳排放权或碳信用为标的资产的碳金融衍生产品，其价值依赖于碳现货的价值与特性。碳期货的交易双方按事先约定的未来特定的交易时间、地点和价格，交割一定数量碳资产。交易者可以利用碳期货做与碳现货市场"方向相反，数量相等"的反向操作进行套期保值，对冲碳现货市场价格波动的风险。

碳期货交易源于碳排放权现货交易，在碳交易所内集中买卖期货合约的交易活动。2003年芝加哥气候交易所（CCX）成立，以"总量控制与交易"为基础，成为全球第一个具有法律约束力、基于国际规则的温室气体排放登记、自愿减排和交易平台。

二、碳排放权交易的金融属性

碳排放权交易在治理环境污染，实现循环经济、绿色经济、保护人类共同生活的家园中发挥着重要作用。在现行的各种减排方式中，碳排放权交易是减排成本最低、效率最高、最具可操作性的减排方式。然而，碳排放权交易的意义实际上远不仅如此，作为一种特殊的、稀缺的有价经济资源，碳排放权在市场交易中，逐步由商品属性向金融属性过渡，凸显出日益明显的金融资产属性。碳排放权的金融属性主要表现在以下几个方面：

（一）碳排放权的"准货币化"特征

这一特征主要体现在《京都议定书》的框架范围内所建立的"碳货币"的雏形。按照协议的规定，2012年后如果各国就气候问题达成一致，就可以对国际货币新体系——"碳货币"达成一致，届时各国只有购买"碳货币"才能在这个新框架下维持自身发展。与此同时，碳排放权或碳信用的政府信用基础、自由存储和借贷、稀缺性、可计量性和普遍接受性都凸显其货币特性，并为碳信用在低碳能源和低碳技术的计价以及国际结算方面奠定了基础。

（二）碳排放权作为金融资产的特殊性，具有商品和金融双重属性

商品属性反映碳排放权本身供求关系的变化对价格走势的作用，金融属性则主要体现在利用金融杠杆进行投机交易的市场行为。碳排放权首先作为商品买卖，各国为达到减排指标或

自身碳中和需要而进行碳买卖，这类简单的碳商品现货买卖表现出的主要是商品属性。随着碳交易市场的扩大，各类具有投资价值和流动性的金融衍生工具，如碳期货、碳期权、碳互换、碳排放信用、碳排放证券等逐渐被开发出来，吸引大量投资资金介入，利用金融杠杆投机交易，从而体现了其"泛金融属性"的特征。与此同时，它的特殊价值取向也推进了其从商品属性向金融属性的转换。碳排放权交易紧密连接了金融资本与低碳实体经济：一方面，金融资本直接或间接地投资于节能减排的企业与项目；另一方面，来自不同企业和项目产生的碳减排量进入碳金融市场进行交易，并被开发成碳金融现货及碳衍生产品。碳排放权逐渐衍生为一种金融资产，以金融资产的运作模式活跃在金融市场。

（三）碳排放权市场的定价权由碳期货市场决定

碳排放权的定价逐渐从现货市场转移到了期货市场。现货市场原有的定价方式，可以称为碳排放权的"商品属性"，在引入期货交易机制之前，碳排放权的定价仅限于"某些地域"和"某些交易者"的价格决定机制。碳排放权上一期的价格影响供给者对下一期碳排放权的供给，同时亦影响消费者对下一期碳排放权的消费，形成了价格与产量的动态模型——"蛛网模型"。

"蛛网模型"分为收敛型与非收敛型。收敛型的"蛛网模型"可以促使价格趋于稳定；而非收敛型的"蛛网模型"会给供给者和消费者带来双重困扰，使价格波动越来越大，影响资源的有效配置。引入碳期货，就是希望市场上的交易者可以预见到这种促使价格波动剧烈的风险因素，解决"蛛网模型"的困境，使价格波动趋于平缓。期货市场的交易者不仅包括套期保值者，亦会吸引投机者。只要交易者认为自己比别人更有"远见"，能够预测价格的变化，就可以入场交易，承担套期保值者转嫁的风险。由于交易者对未来价格有所预期，使得价格不局限于历史经验或者上一年度的价格，有时候甚至不局限于碳权真正的供求关系。

正是由于碳排放权由商品属性向金融属性过渡，并逐渐演变为具有投资价值、交易需求及流动性的金融衍生产品，碳金融市场才应运而生。

三、碳期货功能

（一）价格发现功能

期货市场价格发现功能是指期货市场通过其完善的交易运行机制，形成具有真实性、预期性、连续性和权威性的期货价格，从而可以从期货价格的变化看出现货的供求状况及价格变动趋势。碳期货交易的价格发现功能主要体现在下列三个方面：

一是碳期货交易透明度高，竞争公平、公开。碳期货交易采取集中公开竞价制，交易指令在高度组织化的期货交易所内运行，不允许进行场外交易。碳期货交易所的价格报告制度有助于价格信息的公开，交易者据以不断调整其对价格走势的预测，从而提高价格预期的准确性。

二是供求集中，市场流动性强，会员交易规范。供求集中，有助于理性价格的形成。碳期货交易的参与者众多，如生产商、销售商、加工商、进出口商以及各大金融机构等，交易者必须在期货交易所注册会员，交易时间固定，交易规则规范，避免了垄断欺诈行为。

三是交易者熟悉交易行情，信息质量高。碳期货交易中的参与者大部分是碳配额调控下的大型企业和各类金融机构等，具有丰富的经验和量化分析方法，对碳资产价格预测能力强。

碳期货合约对碳现货未来的价格作了有效预测，并且以公开、公平、公正的竞价方式进行不断调整、变化，最终形成合理、连续、权威的价格预期；而且，套期保值者的碳期货交易促进碳现货价格与碳期货价格的统一。因此，碳期货市场的价格信息能够综合多方面影响因素，反映碳现货资产的供求关系与理性价格。

（二）规避和转移价格风险功能

转移价格风险是期货市场重要的功能之一。作为一个对管制高度依赖的市场，碳金融市场存在诸多缺陷，其运行面临着诸多风险。各国在减排目标、监管体系以及市场建设方面的差异，导致了市场分割、政策风险以及高昂交易成本的产生，进而使得碳现货价格产生剧烈波动。这些风险因素包括政策、制度和政治风险，以及经济风险、市场风险、技术风险、道德风险、交付风险等。这些风险因素都是通过影响碳排放权的供需而引起现货价格的波动。对于碳排放权的供需企业及纯粹的市场中介来说，用期货的形式转移这种风险就显得尤为必要。期货市场能够帮助企业规避现货价格风险。企业利用 EUA 期货或 CER 期货交易进行套期保值，即在期货市场上做一笔与现货交易品种相同、数量相等、方向相反的期货合约，以规避现货市场价格波动的风险。

期货交易能够实现套期保值的作用，主要有两个原因：一是同种碳资产的期货价格走势与现货价格走势基本一致。碳现货与碳期货价格会受到相同经济因素的影响，变动趋势逐步趋于一致。套期保值实际上是利用在两类市场中相反的操作，以收益抵消亏损，达到锁定成本的目的。二是随着碳期货合约到期，碳现货与碳期货价格趋同。碳期货合约到期时，交易者必须进行实物交割或对冲平仓。一般而言，如果碳期货价格低于碳现货，套利者会买入碳期货，并在现货市场高价卖出，实现不同市场套利交易，直至两类市场价格趋于一致。

（三）降低交易成本，增加市场流动性功能

碳期货市场为碳排放权供需双方提供了媒介，交易者可以在标准化、透明化的交易平台上，利用信息优势，锁定价格波动的风险，降低交易成本。碳期货交易采用标准化的期货合约，交易双方无须对合约中利益分配、交易条款进行协商，交易手续并不烦琐，从而节约了一定的交易成本和时间成本。此外，碳期货交易实行保证金交易，以较低成本完成期货合约的

买卖行为。以欧盟碳市场为例，CER 期货以 CDM 项目为基础，有利于增加市场流动性。由于 CDM 项目周期长、技术水平高、风险大，企业可以通过 CER 期货锁定风险；相应地，CER 期货交易增强了企业参与 CDM 项目的积极性。碳期货交易完善了全球碳交易价值链，带动相关企业、中介机构、金融机构、政府参与，其交易成本（包括交易佣金与手续费、保证金占用的机会成本、交割费用）远远低于现货的交易成本，再加上高杠杆效应，进一步扩大了碳市场规模，充分提高了市场的流动性。

碳期货市场的套期保值者利用碳期货合约，实现套期保值，转移价格风险，明显节约了交易成本；而市场投机者频繁、大量买卖碳期货合约，在承担套期保值者让渡的价格风险的同时，获得投资收益，保障了市场有效运行所必需的流动性。

（四）减缓价格波动功能

碳期货交易中，套期保值者利用碳期货进行与现货反向的操作，有利于减缓碳现货市场的价格波动。同时，适度的碳期货投机也能够缓减价格波动。投机者可以利用同一种商品或同类商品在不同时间、不同交易所之间的差价变动来进行套利交易。碳期货的投机交易对市场的稳定发展有积极的意义，其不仅提供了风险对冲的机会，也有助于合理价格水平的形成。然而，碳期货投机交易发挥减缓价格波动作用需要两大前提：一是投机者需要理性化操作，违背市场规律操作的投机者最终会被淘汰出碳期货市场;二是投机适度,操纵市场等过度投机行为不仅不能减缓价格的波动,而且还会人为地拉大供求缺口,破坏供求关系,加剧价格波动,增大市场风险,使碳期货市场丧失其正常功能。

(五)减排成本收益转化功能

碳排放权是将企业生产的负外部性转化为企业成本的桥梁。企业经过减排生产,碳排放权出现剩余,就可以通过市场交易转化成收益。期货交易由于其标准化和普遍接受性,易于交易,对于企业减排成本向收益转化具有重要意义。碳排放权相关企业可以通过期货市场提前调剂余缺,套利者和投资者则可以通过期货价格波动获利。因而碳期货市场集中了众多的买方和卖方,交易活跃,企业通过期货市场可以便捷地将节能减排的成本转化为收益,将环境效益和经济效益有效结合起来。

(六)经济转型中的资本选择功能

碳交易体系设计的目标是通过经济手段达成节能减排的效果,其核心是通过碳排放权的资本化促进企业加大环保投入。碳期货市场为碳资产提供了远期价格和较高的市场流动性,有利于碳产品的资产化和金融化,吸引社会资本从高碳领域转向低碳领域,推动清洁能源的发展。

四、碳期货与碳现货的关系

(一) 两者比较

碳期货和碳现货作为碳市场下衍生出的两种不同机制,既彼此独立又相互联系,两者共同构成了多层次的碳市场体系。碳期货市场根源于碳现货市场,服务于碳现货市场,是碳现货市场发展到一定阶段的产物。碳现货市场主要是为碳配额等资产所有权即期转移、市场供求关系调节提供一种有效的机制。碳期货市场的建立则是为了完善市场化的价格发现机制和风险管理机制,为控排企业提供低成本、高效率的风险管理手段,对于优化产业链企业运行机制、提高资源配置效率具有重要意义。

尽管碳期货与碳现货交易的都是标准化产品、投资群体也基本趋同,但还存在明显区别(见表2-1)。

第一,交易对象不同。碳现货交易采取碳资产买卖,而碳期货交易的交易对象是标准化合约。

第二,交易目的不同。碳现货交易目的是获得或出售碳资产,以完成定量碳排放计划,平衡利益,避免高额罚款;碳期货交易是为了转移碳现货市场价格波动的风险,进行投机交易或者套期保值。

第三,交易场所和方式不同。碳现货交易不受交易规则、交易场所、交易方式的限制,可以进行场外交易,交易条款可由交易双方商议达成；碳期货交易必须在固定的碳期货交易所以公开竞价方式进行。

第四，结算方式不同。碳现货交易一般采用一次性结算；而碳期货交易采用的是保证金结算方式。

第五，交割时间不同。碳现货交易中，碳资产所有权转移与交易达成在同一时间；碳期货下，碳资产实物转移滞后于期货合约的达成。

表 2-1　　　　　　碳期货与碳现货的比较

比较内容	碳期货	碳现货
交易对象	标准化期货合约	碳排放权
交易目的	转移碳现货市场价格波动的风险	完成定量碳排放计划
交易场所	期货交易所场内交易	专门交易场所
结算方式	采取少量保证金结算	采用一次性结算全部资金
交割时间	碳资产实物转移滞后于期货合约达成	在同一时间，交易达成则所有权转移

（二）价格关系

碳现货价格是碳期货价格的基础。商品价格在现货市场上经常波动，价格风险较大，因此市场参与方就会产生通过套期保值转移价格风险的需求，如果同时具备其他市场条件，就会形成该商品的期货市场，进而产生该商品的期货价格。

碳期货价格是碳现货市场交易的参考或基准价格。碳期货市场是主要的价格发现场所,可有效缓解和减少碳价格的风险。期货市场形成后,因期货价格具有真实性、竞争性、预测性等特点,期货价格便成了该种商品在世界范围内的权威性价格。现货市场参与方在进行生产、贸易活动时,均以此价格作为商品的一种参考价格或基准价格。

碳现货价格与期货价格相互关联、相互影响,存在短期偏离和长期均衡共存的现象。这主要是由于现货与期货价格在市场经济运行当中所面临的经济因素、社会因素、国际与国内环境等基本一致,因而长期看在价格波动方面有着高度的一致性。但是从短期来看,期货价格调整速度快于现货,这充分显示了期货市场对现货市场的引导作用。从欧盟碳市场现货价格与期货价格相互关联中不难看出二者短期内价格偏离而长期内均衡的事实,可见期货市场的建立对于完善价格形成机制的必要性。

碳现货和期货价格在短期内都受到滞后期价格的影响。二者不仅受到自身滞后期价格的影响,还受到对方滞后期的影响,而且现货价格受滞后期价格的影响大于期货价格受到滞后期价格的影响。这两大短期特征更进一步说明了碳期货对现货市场价格的引导机理。期货市场对市场信息反映较为敏感,应对变化的调控性很灵活,而现货市场在接收信息之后再进行调整,存在一个时滞阶段,调整速度相对较为缓慢。现货价格一方面表现出价格惯性,即前期价格对当期价格的形成影响显著,另一方面还受到期货市场滞后期价格的影响。而碳期货价格受期货和现货市场滞后期价格的影响则相对比较弱。

(三) 波动率关系

碳期货与碳现货之间存在波动率传导关系。Rittler[①] 的研究表明,在欧盟碳市场第二阶段的初始时期,碳期货市场波动率的震动会单向影响现货市场波动率。如果期货市场的波动率突然增大,那么现货市场的波动率也会随之增大。但在市场比较成熟的第二阶段中期,碳期货与碳现货的波动率传导关系会变成双向的。如果现货市场的价格和收益率突然变化,下一阶段期货市场的波动率也会随之变化的;上一期的期货市场波动率变化对当期现货市场波动率的影响随着时间变化逐渐增大。这个波动率分析的结果再次证实了两个市场之间的联动关系,与价格关系的结论相同。

碳期货的波动率比碳现货的更加灵活。从碳期货和现货价格波动的总体特征来看,碳期货价格波动更加灵活,较现货价格更为明显,这说明期货交易的投机性更强并且较现货市场价格更加难以预测、风险更高。期货市场交易的是标准化的期货合约,成本相对较低,收益高,许多投资者在该市场中更多扮演着投机者的角色,通过对市场信息的捕捉形成对未来价格的预期,扩大了市场流动性,导致价格波动,同时也增加了市场风险。因此,欧盟碳市场针对碳期货设置了相应的风险防控机制,着重防范价格波动风险和流动性风险。

---

① Rittler, D. Price discovery and volatility spillovers in the European Union emissions trading scheme: A high-frequency analysis. Journal of Banking and Finance, 2012.

五、碳期货交易机制

完善的碳期货交易机制是碳期货市场协调、有序、高效、灵活运行的基础。碳期货交易机制包括交易主体、交易产品、交易场所和交易制度四个主要组成部分。

（一）交易主体

控排企业和金融机构是碳期货市场的主要参与者。

控排企业是碳配额的原始提供者及最终需求者，主要为发电、钢铁、水泥、化工等能耗及排放大户以及其他一些中小排放主体。这类主体通常都有政府发放的碳排放配额。由于政府对其有减排要求，发放的年度配额通常都少于其实际的年度碳排放，因此控排企业除了进行自身减排外，很多都需要到碳市场中购买额外的配额进行履约抵消。而由于碳市场价格的波动较频繁，未来碳价较难预测，一些控排企业倾向于选择碳期货产品进行风险管理，将碳价波动风险锁定在可控水平内，因此成为碳期货市场的主要参与者。

金融机构作为中间商角色参与碳期货交易，对提高市场的流动性有着积极作用。几乎所有大型国际金融机构都参与过碳期货业务，其角色具体可分为两类：

（1）交易商，包括商业银行、投资银行、资产管理公司、能源贸易公司等。这类机构有的充当OTC市场的撮合者，赚取手续费；有的将碳资产作为管理标的通过低吸高抛赚取差价；还有的是利用碳产品与其他大宗商品较强的关联性，通过碳市场分散风险，追求稳定回报。

（2）经纪商，指不参与交易，只提供中介服务的金融机构。

（二）交易产品

产品创新是市场发展的内在动力，也是吸引更多市场主体的关键。以欧盟为例，欧盟碳市场正式开始运作后，短时间内推出了碳期货、碳期权、碳期现价差合约等产品，形成了包括现货、期货、期权的多层次碳市场体系，不断提升参与主体的积极性。目前，国际各大碳交易所流通的期货产品主要是由碳配额衍生的期货和由项目减排量衍生的期货产品。

（三）交易场所

传统期货合约在期货交易所内进行。期货交易所是期货市场的组织者，给期货交易双方提供交易的场所、设施和服务。交易所需要制定规章制度和交易规则，明确期货合约的标准，及时公开场内期货价格，以规范期货交易行为，减少或杜绝交易双方因期货合约本身而引起的纠纷，增加市场的透明度和公开性。交易所还要将合约条款统一化和标准化，必要时对违反交易规则的行为人行使处罚权。

从欧盟碳交易的发展实践来看，由于碳排放权天然标准化的属性，碳期货和碳现货市场交易机制类似。因此，欧盟碳期货和现货都在同一个交易平台开展交易。

（四）交易制度

碳期货市场的交易制度是市场有效运行的基本保障。碳期货市场的交易制度大致包括七种，具体为：

1. 保证金制度

保证金制度是碳期货交易安全的重要保证，其建立和实施一律由结算机构负责。在碳期货交易中，交易者缴纳占合约价值一定比例的保证金，作为履约的财力保证。保证金交易为碳期货交易提供杠杆效应，其风险明显高于碳现货交易。

2. 逐日结算制度

逐日结算制度是指期货交易所对会员进行每日盈亏结算，调整保证金金额。在每日交易结束时，结算机构根据结算价格对投资者未结清的合约进行计算，调整保证金账户余额，反映交易者盈亏情况。结算价格由碳期货交易所制定，可以是交易日加权平均价，也可以是收盘价。

3. 持仓限额制度

持仓限额制度是指碳期货交易所为了防范操纵市场行为和市场风险过度集中，规定会员及投资者单边计算的持仓数量最大数额。持仓限额制度与大户报告制度紧密联系。在国际碳期货市场，持仓限额呈现以下特点：（1）交易所可以根据合约具体情况、不同期货品种和市场风险情况调整持仓限额。（2）一般月份合约持仓限额通常设置较高，临近交割时持仓限额标准降低。（3）持仓限额往往只针对一般机构头寸，而套期保值头寸、套利头寸及风险管理头寸可以通过向交易所申请豁免。持仓限额制度的执行可借助投资者交易编码中的客户号管理。

4. 大户报告制度

大户报告制度指当交易会员或客户某种期货合约持仓量达到一定数量时，会员或客户应向交易所报告其资金和头寸等，防止大户操纵市场。通过大户报告制度，碳期货交易所可以了解大户持仓者的开户情况、交易记录、资金来源、交易动机等，审查大户是否存在过度投机和操纵市场的行为。1922年，美国谷物期货法案确立了联邦政府对商品期货的监管之后，大户报告制度由此开始实施。大户报告制度一方面有利于期货市场监管机构快速处理操纵市场价格的大户交易；另一方面可以帮助期货交易所分析市场的有效信息，如投资者的类型、特定种类投资者持有的头寸等。此外，大户报告制度还可较好地衡量监管机构对市场的阻碍作用与力度。

5. 强行平仓制度

通常交易者持仓至最后交易日之前的任何交易时刻均有权自行平仓，其主动权完全在于交易者个人。随着现代期货交易保证金制度的出现和完善，以及期货市场风险控制的需要，逐步衍生出"强行平仓"的概念。强行平仓制度是指非来自交易者本人意愿,而由期货监管机构、期货交易所或期货经纪公司等第三方实施的平仓行为。出现如下条件之一就可能被强行平仓:第一,会员交易保证金不足并且没有在规定时间内补足;第二,持仓量超过其限仓数量;第三,违规操作;第四,在交易所规定的紧急状况发生时;第五,其他需要。强行平仓通常对违反持仓限额、大户报告等交易制度的会员或客户采取。

6. 涨跌停板制度

涨跌停板制度是指每日碳期货价格波动限定在一定范围内,防止价格剧烈波动出现会员违约,保证市场稳定。印度碳期货交易所规定了日内4%、6%和9%的阶梯式限制。欧洲期货交易所关于价格的波动并无限制,但其结算机构在市场处于极端状况时有权采取暂时性的交易限制。涨跌停板制度有利于平抑过度的价格波动,防止投机过度和价格操纵行为,引导市场正常运行。

7. 信息披露制度

市场交易信息的披露会对碳期货市场的有效性产生较大影响。碳期货交易所必须按规定定期公布期货交易信息,包含即时、每日、每月的交易信息。例如,欧洲气候交易所要求碳期货市场交易信息按月报方式对外公布,每月披露期货的交易量、交易金额、交易价格、价格波动幅度等信息以及市场买卖双方历史供需数量。在信息披露制度下,所有市场交易主体都能有机会公平地获得期货交易的信息,从而使期货市场中价格发现功能得到实现。

六、影响碳期货和碳现货价格的主要因素

发展碳市场的一个重要目的是发现碳价,以确定合理的减排成本,让排放企业来承担这部分成本,以真正实现温室气体排放的外部性内部化。影响碳期货和现货价格的因素基本一致,只是碳期货和现货对这些因素的反应程度有所不同。

(一)政策因素

市场发展初期,制度因素是影响市场价格的主要因素,且由于市场不成熟,价格很容易受某些单一事件的巨大冲击。具体包括:

1. 配额超发

2006年,欧盟委员会的第一份碳核查报告发布的总体碳排放显示碳配额严重超发,从而对碳价格产生了巨大的影响。在报告发布后的几天内,市场参与者担心碳配额超发会对市场带来严重冲击,都进行配额抛售,碳价几乎下降了50%。这次的碳价急剧下降是由碳市场供过于求或者说是"过度分配"造成的。而区域碳污染减排计划或区域温室气体倡议(RGGI)从2009年运行以来,其最主要的问题是由于配额过剩造成市

场价格低迷，活跃度较差，未能实现通过碳交易发现价格和传递价格信号的基本功能。

2. 借贷与储备限制政策

碳资产的金融性表现为两个层次：其一是碳信用可以利用期货、期权机制进行交易，规避配额供求波动及减排资金运作的风险；其二则表现在碳资产可以跨时段储存、结转及借用。以上两种灵活机制使得受管制企业可以在现期和预期减排成本之间作出选择。这种允许跨时间维度进行交易的机制在美国二氧化硫减排计划中起到了关键作用。欧盟碳排放交易体系（EU ETS）在2003指令中也引入了储备机制，但第一阶段（2005—2007年）剩余配额禁止存储到第二阶段（2008—2012年）使用。[①] 但这一政策，在配额超发事件之后又进一步影响了碳价格，使得碳现货价格几乎趋近于零。

（二）能源价格、能源转换及天气因素

1. 能源价格

碳排放主要来源于各种化石能源（煤炭、天然气、原油）消费，这导致能源市场与碳市场之间存在着天然的价格传导机制：能源价格上涨将促使碳市场价格上涨，而能源价格下跌也将带动碳市场价格下跌。有学者基于EU ETS第一阶段的现货和期货价格数据，确定了EU ETS中的碳价格与化石燃料（例

---

① 法国和波兰曾经允许一定量的配额储备。

如，石油、天然气、煤炭）的使用量和价格相关。① 另外，对欧盟碳市场第二阶段和第三阶段的分析也表明，碳市场与各能源市场的动态条件相关系数均为正。这意味着欧盟碳市场的碳价受到煤炭、天然气、原油等这些能源价格的影响。

2. 能源转换

能源价格对碳价的影响还体现在各类能源的相对价格上。这是由于能源需求者对各种化石燃料的需求既取决于它们的绝对价格又取决于它们的相对价格。举例来说，当低碳密集型燃料（如天然气）的价格足够低到使能源企业把来源从高碳密集型燃料（如煤）转换为低碳密集型燃料（如天然气）时，这个边际能源转换成本就会构成碳价的另一个重要决定因素。一般的经验是，短期的碳排放量在很大程度上取决于电力和热力运营商的化石能源选择，而他们同时也是欧盟排放交易体系的主要参与者（超过50%的排放量受到欧盟减排计划的管制）。当多数企业选择低碳密集型燃料时，二氧化碳排放量会减少，配额需求下降，导致短期碳价下降。

3. 气温和极端天气的影响

传统经济活动中很多部门都是温度敏感性的生产部门，其经济产出和碳排放都会受到气候因素影响；且降雨量、风速和阳光暴晒度也会直接影响水能、风能和太阳能等无碳能源的产

---

① Mansanet – Bataller, M., Pardo, A., & Valor, E. CO_2 Prices, Energy and Weather. The Energy Journal, 2007（28）：73 – 92.

量和传统能源的需求量。因此,天气因素对主要的能源部门和供热部门碳排放量的水平有重要的影响。① 气候变化对能源价格影响的研究表明温度和电力需求的关系是非线性的,即温度的升高和降低只有超过一定的阈值才会影响能源需求。②

(三) 经济因素

经济活动是明显的二氧化碳价格变化的驱动因素,一般来说,经济不景气会导致碳排放的下降,配额需求减少,碳价会下降。有学者根据 2005—2007 年欧盟碳交易体系下各个产业部门工业生产总值的变化情况,研究工业生产水平对环境污染和碳资产价格的潜在影响,这种关系可以直观地理解为:工业生产增加,则相关的二氧化碳排放增加,排放企业需要更多的二氧化碳配额以弥补其排放。在这种逻辑下,工业生产总值增加会导致碳价格上涨。③ Declercq et al.④ 研究了 2008 年和 2009 年欧洲电力部门的衰退对二氧化碳排放及碳价格的影响,他们的模拟结果表明欧洲电力部门在此期间的衰退可以减少约

---

① Kruger. Lessons Learned from the EU Emissions Trading Scheme (ETS), 2008.
② Hintermann B. Allowance price drivers in the first phase of the EU ETS. Journal of Environmental Economics and Management, Vol. 59, No. 1, 2010.
③ Alberola, E., Chevallier, J. & Chèze, B. The EU Emissions Trading Scheme: The Effects of Industrial Production and CO_2 Emissions on European Carbon Prices. International Economics, 2008 (116): 93 – 126.
④ Declercq, B., Delarue, E. & D'haeseleer, W. Impact of the economic recession on the European power sector's CO_2 emissions. Energy Policy, 2011 (39): 1677 – 1686.

1.5亿吨二氧化碳的排放,从而能够显著拉低碳价格。Chevallier[①]的论文通过使用一系列有关宏观经济、金融和大宗商品的数据评估了国际冲击对碳现货和期货价格的传播路径,认为碳价格往往会对全球经济指标中的外生性衰退冲击进行负面反应,也就是价格大幅下跌。

经济活动对碳价的影响也可以从一些突发经济事件中看出。2008年世界金融危机和2011年欧债危机爆发后,欧盟碳市场的碳价都有急剧下跌的反应,这是由于经济危机的发生使欧洲整体经济景气度持续下滑,企业生产意愿减弱,全社会能源消耗降低导致配额需求大幅减少。

---

① Chevallier, J. Macroeconomics, finance, commodities: Interactions with carbon markets in a data – rich model. Economic Modelling, 2011, 28 (1 – 2): 557 – 567.

第三章

境外碳市场的监管框架和发展经验

一、欧盟碳市场的机制设计与监管框架

欧盟碳排放权交易体系（EU ETS）是全球最早、规模最大的碳排放权交易体系，覆盖31个国家（包括28个欧盟国家，及冰岛、列支敦士登和挪威）。其设立的主要目的是帮助实现欧盟2020年相对1990年减排20%、2030年相对1990年减排至少40%的目标。

（一）机制设计

1. 相关进展

经过两年多的艰苦谈判，欧盟议会于2017年通过了一项关于欧盟碳排放交易体系改革里程碑式的协议，其中多数修改内容于2021年生效。

（1）总量设定政策方面，改革进一步加大了欧盟碳市场

的总量水平下降力度,即从 2021 年起,配额总量每年的线性减量因子将从 1.74% 上升至 2.2%,以符合欧盟碳排放交易体系覆盖行业 2030 年的排放量比 2005 年减少 43% 的目标。

(2) 配额分配政策方面,欧盟还将更新行业基准值和生产因子,以此提高免费分配的行业针对性。

(3) 市场稳定政策方面,市场稳定储备(Market Stability Reserve,MSR)将进行改良并得到加强,即在 2019 至 2023 年间,MSR 能从市场中撤回配额的比率由 12% 加倍至 24%,使市场在下一交易期开始前重回配额稀缺状态。此外,自 2023 年起,MSR 的配额规模将被限制在上一年度所拍卖的配额总量,超出这一上限的部分将被永久取消。据估算,在 2023 年一年,MSR 就取消了大约 20 亿吨配额。

(4) 抵消政策方面,2020 年之后,碳市场履约单位将无法使用国际信用额度进行履约。这些措施共同传达出强烈的信号:欧洲决策者认真对待长期去碳化的目标,并会实现《巴黎协定》的减排承诺。[①]

2. 总量设定

碳排放总量的设定依据有两个:一是《京都议定书》,二是排放量预测。欧盟碳排放交易体系设立时,覆盖的碳排放总量约为欧盟温室气体排放总量的 46%。这与欧盟在《京都议定书》承诺的减排目标有关,欧盟承诺 2020 年在 1990 年排放量基础上下降 20%,2050 年前要下降 40% ~

---

① ICAP. Emission Trading Worldwide – Status Report 2018.

50%。也就是说，如果将45%左右的排放量纳入碳排放政策管制体系，且碳排放政策体系是针对减排目标设计的，那么只要政策得到有效执行，则可以保证整个经济体的减排目标得到实现。

3. 时间与覆盖范围

EU ETS 分为四个交易阶段：第一阶段为 2005—2007 年，第二阶段为 2008—2012 年，第三阶段为 2013—2020 年，第四阶段为 2021—2030 年。行业范围上欧盟选择从一个相对较小的行业范围开始。第一阶段参加交易的部门主要集中于重要行业的大型排放源，限排行业主要是能源供应部门（包括电力、供暖和蒸汽生产）、石油提炼部门、钢铁部门、建筑材料部门（水泥、石灰、玻璃等）、纸浆和造纸部门。第二阶段，新增冰岛、挪威、列支敦士登，于 2012 年将航空业纳入减排管制体系。第三阶段新增克罗地亚，进一步扩大覆盖范围到有机化学品生产和电解铝。

4. 配额分配

配额分配方法可以分为无偿分配和拍卖两种。

（1）无偿分配。EU ETS 在启动之初采取了无偿分配为主的方法，至少 95% 的配额被免费分配。无偿分配的方法中，最常用的是基于管制对象历史排放水平来分配配额的祖父式分配：设定过去三年为历史基准期，根据各设施在历史基准期的排放数据来决定它们各自分配到的配额数量。

（2）拍卖机制。随着市场不断发展，配额拍卖的比例逐渐加大，第一阶段，将近100%的碳排放权被免费分配给控排企业。第二阶段，免费分配的比例下降到90%，德国和英国尝试拍卖，市场份额大约占据4%。从第三阶段开始，免费分配的比例仅为43%，57%的配额将会被用来拍卖。[①]

5. 监测、报告与核查（Monitoring，Reporting and Verification，MRV）

在监测、报告、核查活动中，EU ETS 的参与方主要有四类：主管部门、国家级认证机构、第三方核查机构、控排设施/航空运营商。EU ETS 每年的监测、报告和核查程序，连同所有相关的过程，被称为一个 ETS 合规周期（类似于试点碳市场的一个履约年度）。单个 ETS 合规周期的时间安排如下：EU ETS 涵盖的工业设施和运营航空商，必须有一份经批准的监测计划，用于监测和报告年度排放量，并且每年必须提交一份排放报告；某一年的数据必须在下一年的 3 月 31 日前由认可的核查人核实；经核实后，控排设施须于当年 4 月 30 日前进行履约。

6. 惩罚措施

欧盟规定在对每年 4 月 30 日之前没有提交足够的配额的企业名单公布，并处以超额排放的罚款。第一阶段时为 40 欧

---

① NIMs Decision – key determinations for carbon market analytics for the period 2013–2020. https：//www. emissions – euets. com/auctionsco2allowances/472 – nims – decision – key – determinations – for – carbon – market – analytics – for – the – period – 2013–2020，2023.09.

元/吨；第二阶段为 100 欧元/吨，且次年配额发放时还要扣除超标量；第三阶段，2013 年的未履约罚款标准为每吨 100 欧元/吨，这一惩罚每年都按照欧洲消费者价格指数上涨；第四阶段的罚则原计划在 2020 年的春季推出，可能受新冠疫情影响，相关文件暂未更新。

7. 柔性机制

欧盟规定各成员国可以通过《京都议定书》的灵活机制以成本效率的方式完成减排目标，但对外部进口的减排指标设定了上限，从 0~20% 不等。在第三阶段对外部使用的限制将更加严格，目前的趋势是不再对中国的大型新能源项目感兴趣，而转向非洲等贫困地区的清洁能源项目；并设置了一些项目限定条件，例如来自土地使用、林业项目的减排指标不能进入，装机容量超过 20MW 的水电项目必须满足具体的可持续发展目标。

（二）市场表现

1. 第一阶段（2005—2007 年）

主要覆盖的是重要行业的大型排放源，限排行业主要是能源供应行业（包括电力、供暖和蒸汽生产）、石油提炼行业、钢铁行业、建筑材料行业（水泥、石灰、玻璃等）、纸浆和造纸行业等。由于没有历史数据和缺乏分配经验，仅仅根据需求估计免费分配的碳配额总量超过了实际排放量，市场上的供给严重大于需求，直接导致了 2006 年 EUA 期货价格的暴跌，从初期最高的每吨 30 欧元跌到了 10 欧元左右。再加上第一阶段的剩余配额不能储存到第二阶段使用，导致 EUA 的市场价值直线下降，到 2007 年上半年 EUA 期货的价格已逼近零。在 2007 年欧盟公布"20－20－20"行动目标、展现推进减排的坚定决心后，EUA 期货价格才又开始一路走高。

2. 第二阶段（2008—2012 年）

在第一阶段基础上，航空业也纳入了减排管制体系。经历了第一阶段价格的剧烈波动后，欧盟委员会在第二阶段尝试调整交易机制，价格开始逐渐平稳，2008 年初 EUA 期货曾回升到第一阶段的高点。但随后爆发的美国金融危机则让欧盟碳市场再次受到严重冲击，EUA 期货价格再次从每吨接近 30 欧元迅速跌至 10 欧元以下。2009 年到 2011 年期间 EUA 的价格逐渐趋稳，大致保持在每吨 15 欧元左右，但这种相对平稳的局面再次由于 2011 年欧债危机的全面爆发被打破，到第二阶段结束时，由于市场上配额过剩，EUA 期货价格徘徊在每吨 7 欧元左右，已不到高点时的 1/4。

3. 第三阶段（2013—2020 年）

覆盖范围进一步扩大，将制氨业、铝业等纳入减排管制体系。虽然成交总量持续大幅增长，但成交价格却欲振乏力，EUA 期货的价格曾一度下探每吨 3 欧元的低点。为了拯救碳市、提高碳价，欧盟委员会 2012 年底提出"折量拍卖"方案，即在 2016 年底前冻结近 9 亿碳配额到 2019—2020 年再拍卖。该方案于 2014 年 3 月正式启动，由于未能从根本上解决配额供大于求的问题，碳价到 2014 年底并未显著提高。为了解决配额过剩问题，2015 年欧盟委员会又提出在 2021 年建立市场稳定储备（MSR）机制，当配额剩余高于 8.33 亿吨时，将把其中的 12% 放进储备；当配额剩余低于 4 亿吨时，则从储备中调出 1 亿吨投放市场。2015 年，欧盟的碳价大致维持在每吨 7~9 欧元之间。2016 年以来，由于经济持续低迷及受英国脱欧事件影响，EUA 期货价格曾下跌到每吨 5 欧元左右。目前，洲际交易所（ICE）和欧洲能源交易所（EEX）成交的 EUA 期货价格基本稳定在每吨 25~26 欧元。

相关进展。2020 年 3 月，受新冠疫情影响，欧盟各国工业、能源等领域大面积停工，能源需求大幅下降，大量企业抛售碳排放许可，碳价一度下探至 15 欧元/吨的水平。随后价格开始回涨，EUA Dec-20 期货在 7 月 13 日日内交易最高价达到了 30.80 欧元/吨。该价格达到 2006 年以来的最高点，仅略低于 2006 年 4 月的历史最高碳价 31 欧元/吨。据 Refinitiv 分析，从碳市场供给需求基本面角度来看，并没有太多因素可以支持碳价如此大幅回涨。相反，Refinitiv 碳研究组估算欧盟碳市场企业的排放量将巨幅下降 14%，配额需求预计减少 2 亿吨以上。虽然欧盟实施的市场稳定储备机制（MSR）可以通过吸收过剩配额来部分抵消需求下降的影响，但也不足以抵消全部下行风险。根据 Wind 数据，2020 年 6 月，洲际交易所（ICE）成交的所有 EUA 期货交易量为 7.11 亿吨，结算价格区间为 20.90~26.91 欧元/吨；欧洲能源交易所（EEX）成交的所有 EUA 现货（2013—2020 年）交易量为 128.1 万吨，结算价格区间为 20.89~26.90 欧元/吨。

(三) 监管框架

EU ETS 是在《联合国气候变化框架公约》(UNFCCC) 尤其是《京都议定书》确立的国际排放贸易机制 (IET)、清洁发展机制 (CDM) 和联合履约机制 (JI) 三种市场机制下的建立起来的碳排放交易体系，对 UNFCCC 秘书处负有排放报告及履约义务，同时在 CER 签发及使用方面接受联合国 CDM 执行理事会的安排。欧盟的碳市场监管主要包括欧盟和成员国两个层面。

1. 欧盟层面

(1) 欧盟委员会气候行动总司。欧盟委员会定期要向欧洲议会提交碳市场监管报告，报告碳排放权拍卖情况、交易状况、存在的交易风险等情况。2010 年欧盟委员会成立气候行动总司 (DG CLIMA)，代替之前的环境行动总司 (DG Environment)，代表欧盟委员会负责在欧盟和全球层面应对气候变化。气候行动总司是欧盟对于 EU ETS 的总监督机构，并对各成员国减排的落实情况、配额的使用情况、碳排放量核证等进行监管。其五大工作职责包括制定并执行气候政策和战略、在国际气候谈判方面起领导角色、执行欧盟碳排放交易体系、监测欧盟成员国的排放情况及完善低碳技术和适应措施。

(2) 欧盟独立交易系统 (EUTL)。由气候行动总司管理，用于记录配额的产生、免费发放、拍卖、交易、履约以及注销。EUTL具有底层权限,与交易系统紧密关联,自动对每笔交易进行检查,评估该交易是否存在风险,一旦系统发现违约行为,可立即终止交易并通知监管部门,以确保没有违规行为。EUTL定期接受专业技术公司的系统评估和更新,技术公司会根据一段时间内的市场违约情况与系统的检测准确率进行比对,更新系统算法。该系统与银行操作模式相类似,但由于隐私及法律问题,该系统没有权限监测资金所有权与资金流向,在交易进行时并不能做到完全的风险监控。

(3)市场活动监管。2008年金融危机后,欧盟加速金融监管改革进程,形成了宏观审慎监管和微观审慎监管的有机结合。[①] 宏观审慎监管由附设于欧洲央行下的欧洲系统性风险委员会(ESRB)[②] 负责,主要通过发布预警和提出建议等,对银行具体财务状况、金融市场上可能出现的系统性风险等进行监管。微观审慎监管方面建立了欧洲金融监管体系(ESFS)[③],

---

① 李达、陈颖. 欧盟和德国金融监管改革的实践及启示 [J]. 金融发展评论,2015年.

② ESRB指导委员会由包括欧洲中央银行行长在内的7位欧洲中央银行成员、3位监管局主席、1位欧盟委员会代表和1位经济金融委员会主席组成,其董事会由欧盟的27国央行行长组成。

③ 欧洲金融监管系统的职责:一是确保欧盟各个国家监管法律、规章制度等的统一,特别是某些特定领域技术标准的一致;二是在制定统一规则的前提下保证各国金融监管规则的实施;三是使各国逐渐形成统一的金融监管文化,采取一致的监管行动,尤其是当经济危机发生时,各国能够对危机采取一致的应对行动;四是为宏观审慎监管搜集信息,有利于系统性风险的防范;五是在不侵害成员国财产权利的前提下解决各成员国金融监管当局之间的争议。

它由三部分组成：一是指导委员会（负责银行、证券和保险三大监管局及其与各个成员国金融监管当局的沟通和信息交流）；二是欧盟监管局［包括欧盟银行业管理局（EBA）、欧洲证券和市场管理局（ESMA）、欧盟保险和职业养老金监管局（EIOPA），负责制订并确保监管规则的一致性］；三是各个成员国的金融监管当局（负责本国日常的金融监管）。在碳市场领域，欧洲证券和市场管理局（ESMA）已联合气候行动总司发布关于MAD以及MiFID在进一步执行中的技术建议和执行管理技术标准草案。相关文件目前正在接受欧盟委员会、欧盟理事会和欧洲议会的审查。

2. 成员国层面

欧盟各成员国的监管机构通常为各国的环保和金融管制机构。欧盟委员会根据每阶段各成员国提交的"国家分配计划"（NAP）分配排放权，以达成《京都议定书》的减排目标。各成员国再将排放权依照规定的分配方式或通过拍卖分配给各控排企业。成员国内各企业在受到欧盟监管的同时，也受到本国法律法规在排放登记、交易许可、限额控制等方面的监管。具体监管由各成员国负责，例如德国就为排放权交易制度设立了一系列的法律，如《温室气体排放交易许可法》《温室气体排放的国家分配法及实施条例》《温室气体排放的国家分配法》及《项目机制法》等，为碳市场的金融监管提供了依据。

(四) 政策法规

1. 碳交易政策法规[①]

碳交易是实现欧盟气候政策目标的主要市场工具。为了建立和完善欧盟碳排放交易体系，欧盟从2003年起颁布了一系列指令（Directive），相继规定从2005年起开始正式实施EU ETS，将CER纳入EU ETS使用，2011年起将航空业纳入EU ETS，以及第三阶段的配额管理及拍卖等。与此同时，欧盟还通过一系列条例（Regulation）和决议（Decision）等法规，围绕统一登记簿、安全标准、配额拍卖、MRV、重复计算等技术问题，对EU ETS进行了不断的优化和完善。此外，2007年3月颁布的"欧盟2020年气候与能源一揽子计划"还明确规定，EU ETS大约涵盖欧盟温室气体排放的45%，2020年应使控排行业的排放量比2005年降低21%。

[①] 欧盟自主立法的法律形式包括条约（Treaty）、条例（Regulation）、指令（Directive）、决议（Decision）、建议（Recommendation）及意见（Opinion）等，不同形式有不同的法律效力。条约在欧盟法中处于基本法（Primary Law）的地位，为实现条约中的目标需要依据次级法（Secondary Law）及成员国国内法的规定。次级法主要有条例、指令、决议、建议及意见五种类型，只有前三种具有法律约束力。条例可在全体成员国直接适用，成员国绝不允许不适用或背离条例的规定；指令是对成员国具有约束力的立法，不能直接适用，指令限期内，成员国可参照执行或把指令纳入本国立法逐步实行；决议通常仅为特定对象（一个或多个成员国、自然人或公司）创设权利或设定义务，也仅对它们具有约束力。

2. 金融市场法规

作为高度金融化的碳市场，欧盟碳市场除了受到碳交易方面政策法规的管辖外，还要接受相关的金融市场法规的管理，包括《金融工具市场指令》（MiFID）、《市场滥用指令》（MAD）、《反洗钱指令》（Anti–MLD）、《透明度指令》（TD）、资本金要求指令（CRD）和投资者补偿计划指令（ICSR）以及有关场外交易的一些规定。此外，碳市场还受到能源商品监管体系《能源市场诚信与透明度规则》（REMIT）的监管。以上多方面共同监管的法规体系解决了欧盟成员国之间对于新兴的碳排放权视为金融工具或大宗商品两种不同监管思路的差异问题。2020年2月，欧洲证券和市场管理局（ESMA）发布了《可持续金融战略》，主要内容包括建立单一规则手册、监管融合、风险评估等部分。其中，风险评估部分要求建立包含排放权配额在内的全面的风险评估框架，用以分析 ESG 因素与气候变化所产生的金融风险对不同主体的经济影响。

（1）场外衍生品。2010年9月15日，欧盟委员会关于场外衍生品交易、对手方及交易库的法规提出采用一个报告义务，为场外衍生品交易资格排位，减小对手方的信用风险和操作风险。

（2）拍卖。欧盟委员会 2010 年颁布的《拍卖条例》为 EU ETS 第三阶段的碳配额拍卖建立了管制框架。该规定有效拓宽了 MAD 和 MiFID 适用于碳市场的范围，要求拍卖平台及金融机构的活动即使是在典型的二级市场之外进行也需要遵守大致相同的规定，一些排放指标即使不具备金融工具的特质

（如一些拍卖的产品只是两天的现货合同）也要纳入管制的范围。根据该规定，Anti-MLD 措施也适用于拍卖的参与者，要求拍卖平台在发现或者怀疑存在市场滥用、洗钱、恐怖分子融资及其他犯罪活动时，有义务向监管机构报告。

（3）碳配额性质。为确保安全有效的交易环境并提升市场信心，欧盟理事会和欧洲议会修订了金融监管法规，将其应用到碳市场的各个层级，欧盟委员会决定推迟到 2018 年 1 月生效新修订的 MiFID2 和市场滥用条例（MAR）。在新的 MiFID2 框架下，碳排放配额都将被认定为金融工具，并适用于二级现货市场。鉴于 MiFID2 对碳配额金融属性的认定，其他金融市场法规也将对此适用，MAR 将覆盖 EU ETS 二级交易市场和一级拍卖市场，Anti-MLD 也将触发二级现货市场 MiFID 交易许可商关于交易对手的尽职调查。

二、美国碳市场的机制设计与监管框架

（一）政策背景

美国全国性强制减排交易市场迟迟无法获得立法支持。在过去数年里提交给国会的相关气候法案中，有许多提及应用总量控制与交易体系对美国的温室气体排放设置总量并进行交易，但是各法案中对总量的设置及配额的分配各不相同。2009 年国会众议院通过了《美国清洁能源安全法案》，又称气候法案，内容包括促进清洁能源发展和经济转型、减少温室气体排

放。但 2010 年 7 月下旬，国会参议院未能通过该法案。国会参院 2010 年 7 月 27 日公布一项能源法案，但法案中没有包括抑制二氧化碳等温室气体的条款。

尽管美国联邦层面的总量控制与交易立法迟迟未能通过，但美国各州利用宪法赋予的权限，积极倡导并开展了众多区域性总量控制与交易机制，建立了相应的配额市场。美国区域温室气体倡议（RGGI）是美国第一个强制性、市场驱动的二氧化碳总量控制与交易体系；随后启动的加州总量控制与交易计划也为美国和全球碳排放交易体系的发展起到了重要促进作用。

（二）RGGI 机制

区域温室气体倡议（RGGI）是美国第一个强制性碳履约、交易市场减排机制，于 2009 年正式启动。RGGI 主要控制电力行业的碳排放，目前针对功率大于或等于 25 兆瓦的化石燃料发电主体。

1. 相关进展

2017 年 8 月，RGGI 各成员州完成了该体系的第二次系统回顾，并于宣布了对 2020 年后 RGGI《示范准则》的修改，这是 RGGI 的又一里程碑。总量设定政策方面，新政策规定到 2030 年，RGGI 市场的总量上限将比 2009 年降低 65%；在 2021—2030 年间，RGGI 的总量目标每年将下降 3%，以此实现总降幅较 2020 年水平下降 30%。市场稳定政策方面，RGGI

还将在 2021 年引入创新的排放控制储备（ECR）。在该机制下，各州可以永久留存最多可达每年基准预算下 10% 的配额，以确保在价格低于既定触发价格时从市场回收配额，实现额外的减排。2021 年，排放控制储备的触发价格将为 6 美元，此后每年增长 7%。只有在减排成本低于预期才会触发排放控制储备。

2. 总量设定

RGGI 的排放总量约合 1.7 亿吨二氧化碳；分配原则是将总量先分配到各州，再由各州分配至周内所属排放源中。

3. 时间与覆盖范围

启动之初 RGGI 的运行分为三个阶段，即 2009—2011 年为第一个履约期，2012—2014 年为第二个履约期，2015—2018 年为第三个履约期。地域范围方面，RGGI 由位于美国东北部及中大西洋的 10 个州组成，分别是康涅狄格州、特拉华州、缅因州、马里兰州、马萨诸塞州、新罕布什尔州、新泽西州、纽约州、罗德岛和佛蒙特州。行业范围方面，RGGI 管制的行业为单一电力行业，地域覆盖范围内用化石燃料发电且超过 25 兆瓦的电厂均须加入 RGGI 承担减排义务。

4. 配额分配

RGGI 是世界上首个主要通过拍卖形式分配配额的碳交易体系，几乎全部配额均以拍卖形式进行分配。RGGI 配额拍卖一律采取统一价格、单轮密封投标和公开拍卖的形式。拍卖每季度举行,每个拍卖单位为1 000个配额,即1 000吨二氧化碳。在参拍主体上,RGGI配额拍卖市场向所有具备相关资格的主体开放,包括不单限于公司、个人、非营利性机构、环保组织、经纪人和其他市场参与者,对外国公司参与配额竞拍并也无特殊限制。为保证拍卖市场的公平,RGGI规定任何单个主体在一次拍卖会上拍的配额数量不能超过该次拍卖总量的25%。

5. 监测、报告与核查(MRV)

监测方面,RGGI控排企业需安装污染物排放连续监测系统(CEMS)用于监测、记录和计量包括温室气体在内排放数据。监测要求主要包括:制订监测计划和选择监测方法,即燃料热值法、CEMS法两部分。

报告方面,RGGI控排企业需按规定时间向相关部门提交相关电子版和纸质版数据报告。其中,电子版季度报告由控排企业在季度结束后30天之内,通过美国环境保护署(EPA)开发的排放收集和监测计划系统(ECMPS)客户端工具提交给美国环保署清洁空气市场部(CAMD)。

核查方面,RGGI对控排企业CO_2排放数据的核查分为电子审查和实地审查两种方式。在电子审查方面,ECMPS客户端工具能够根据预先设定的程序对控排企业提交的数据进行彻底的检查,并可将审查出现的问题及时向控排企业反馈,这样相关错误就能在正式提交前被发现并纠正。在实地审查方面,美国环保署开发了一套名为实地审核定位工具(TTFA),该工具能够识别各种CEMS操作和维护问题。

6. 柔性机制

抵消方面，RGGI 认可 5 种抵消项目类型，分别是垃圾填埋气（甲烷）捕捉与销毁，六氟化硫减量，造林封存二氧化碳，通过提高终端能效减少或避免天然气、丙烷和燃油终端燃烧产生二氧化碳，农田粪肥管理避免甲烷排放。管制机构只给开始于 2005 年 12 月 20 日及之后的碳抵消项目授予配额。抵消项目必须发生在 RGGI 参与州或美国境内非参与州但与 RGGI 签署备忘录统一承担对碳抵消项目的管理监督责任的州。此外，RGGI 还出台了若干配套调节机制，包括清除储备配额、建立成本控制储备（CCR）机制，以及设置过渡履约控制期等。

7. 市场表现

一级配额市场方面，RGGI 以现货拍卖为主，每季度举行一次。截至 2020 年 6 月，RGGI 配额已完成 48 次配额拍卖，交易额 35.45 亿美元。2020 年 3 月 11 日，RGGI 进行了本年度第一次拍卖，拍卖配额 1 621 万吨全部成交，成交价 5.65 美元/吨。2020 年 6 月 3 日，RGGI 进行了本年度第二次拍卖，拍卖配额 1 634 万吨全部成交，成交价 5.75 美元/吨，较去年同期上涨 2%。一级项目市场方面，截至 2018 年底项目减排量的签发量还不足 10 万吨。[①] 二级市场方面，截至 2020 年 6

---

① Annual Report on the Market for RGGI CO2 Allowances：2018. https：//www.potomaceconomics.com/wp-content/uploads/2019/04/MM_2018_Annual_Report.pdf.

月 30 日，RGGI 配额二级市场转让成交量累计约 18.26 亿吨，成交额约 41.79 亿美元，排除不适用成交价（N/A）的转让统计后，历年累计加权成交价为 4.57 美元/吨。衍生品市场方面，2019 度，RGGI 配额期货成交量 2.53 亿吨，成交额约 14 亿美元；2020 年第一季度，RGGI 配额期货的交易价格为 5.41 美元。①

（三）加州碳市场机制

加州"全球气候变暖解决方案法案 2006"（Assembly Bill 32：Global Warming Solutions Act of 2006），简称 AB 32，于 2006 年由时任加州州长施瓦辛格签署。该法案将 2020 年加州减排目标法律化，并授权加州环境保护局下的空气资源委员会（ARB）开发减少温室气体排放的"早期行动"（Early Actions）以及准备"辖域计划"（Scoping Plan），以便更好地达到 2020 年的限制目标。

1. 相关进展

美国加州是全球碳市场乃至气候变化领域的引领者。2017 年，加州立法机构在整体政治形势比较严峻的情况下取得来之不易的成果：

（1）运行时间及总量设定政策方面，将碳市场的实施期限延长至 2030 年，并将 2021 年至 2030 年排放总量的每年降

---

① 数据来源于 RGGI 官方网站。

幅设定在 4% 左右。这意味着，加州碳市场排放总量到 2020 年将回归到 1990 年的水平；并在此基础上持续下降，到 2030 年碳排放将比 1990 年下降 40%。

（2）市场稳定政策方面，确定新的碳价上限，一旦碳价高于此上限则政府提供配额给企业购买，所获收入将被定向用于减排领域。

（3）抵消政策方面，加州空气资源委员会（ARB）还将实行新的抵消额度规定，即 2021 年至 2025 年，所允许的抵消额度占比将从目前的 8% 降至 4%，此后将保持在 6%。且至少一半的抵消额度必须对加州产生直接的环境效益。

2. 时间与范围

加州总量与交易体系将于 2012 年 1 月启动，将以三个阶段每阶段三年的方式执行，分别为 2012—2014 年、2015—2017 年和 2018—2020 年。其中从 2012 年开始，覆盖范围主要为电力（包括引进的电力）和大型工业设施；而从 2015 年起，运输燃料、天然气和其他燃料的经销商等也将被纳入控制范围。整个计划将包含 600 处设施，涉及 360 项业务。

3. 总量设定

总体目标是 2020 年州内温室气体排放量上限回归 1990 年的排放水平，并进一步设计了 2050 年温室气体减排到 1990 年的 80% 的目标。这样，在 2012—2020 年间累计减排量约为 2.73 亿吨二氧化碳当量，且 2020 年的总量上限将较 2012 年的排放总量下降 15%。其中，2012 年的总量上限将设为对当年排放的预测量,而在 2015 年范围扩大后,总量上限将增加燃料燃烧所产生的排放。在 2012—2014 年间的初始阶段,总量上限逐年递减 2%;而在 2015 年以后则每年递减 3%。[①]

4. 配额分配

配额的发放将从免费分配开始。其中每个行业的配额将接近于该行业近期排放数据均值的 90%;但对于依据产品产量而建立起效率基准的行业来说,分配额将逐年更新。除此,该计划还规定将免费发放配额给具有配额价值的公共事业来回报纳税人。同时,计划还限定了将有大约总量 4% 的配额会被保留用于成本控制。剩余的配额将被拍卖。

5. 监测、报告与核查（MRV）

交易计划要求对抵消项目的表现进行报告,包括总结项目监测数据、计算实现的温室气体减排量和整理项目报告中的信息。交易计划建议以年度为单位报告,所有报告在次年 4 月 1 日前截止,否则控排单位不能获得在该报告汇报期间内产生的温室气体减排量的抵消信用。监测工作包含核查员认可、核查机构认可、核查服务的要求和利益冲突的要求几方面内容。

6. 柔性机制

抵消信用可以被应用于加州总量与交易体系,使用上限为

[①] California Environment Protection Agency, Air Resources Board. ARB Emission Trading Program Overview [R], 2010.

8%。来自森林、城市森林、牧场沼气、减少破坏臭氧层物质、采矿甲烷气捕获和水稻种植这6个领域项目所产生的碳信用可以用于抵消。其中，抵消指标的有效性将由独立的认证机构进行核证。

7. 市场表现

一级配额市场方面，加州碳市场每年举行4次拍卖，分别在2月、5月、8月、11月进行。截至2020年6月，共举行了23场拍卖活动。2020年虽暴发新冠疫情，但加州碳市场依然如期举行了两场拍卖活动，成交价格较2019年基本持平，但5月成交量明显下降，同比下降68.09%。详细拍卖信息如下：2月19日的拍卖中，特定年份配额拍卖价格为17.87美元/吨，拍卖成交量为5 709.01万吨配额；2023年度配额预拍卖价格为18.00美元/吨，拍卖成交量为867.23万吨配额。5月20日拍卖中，特定年份配额拍卖价格为16.68美元/吨，拍卖成交量为2 116.10万吨配额；2023年度配额预拍卖价格为16.68美元/吨，拍卖成交量为176.30万吨配额。一级项目市场方面，截至2020年7月，共签发项目减排量1.65亿吨。[①] 二级市场方面，根据加州空气资源委员会（CARB）发布的加州碳市场履约企业交易数据，2020年，各种交易产品共成交约9 508.13万吨。其中，配额成交量约为8 599.61万吨，成交的加权平均价格为16.24美元；抵消项目减排量成交量约

---

① Compliance Offset Program，ARB网站，https：//ww3.arb.ca.gov/cc/capandtrade/offsets/offsets.htm。

908.53 万吨，成交的加权平均价格为 14.42 美元。2019 年，各种交易产品共成交约 3.34 亿吨。其中，配额成交量约为 2.72 亿吨，成交的加权平均价格为 17.07 美元；抵消项目减排量成交量约 6 226.47 万吨，成交的加权平均价格为 14.13 美元。①

（四）监管机制

美国因其宪政体制的限制，各州不能与任何其他州或其他国家缔结条约。这样的限制形成了美国不同于欧盟的独特碳交易监管机制。

1. 市场监管法律框架

美国碳交易市场的监管法律主要集中在区域性交易体系这一层面上，联邦层级的监管立法相对较少，目前主要有：2007 年 4 月 2 日联邦最高法院关于"马萨诸塞州诉美国环境保护署"的判例，使美国环境保护署取得了对二氧化碳排放进行规制的立法授权。② 2009 年 6 月，美国国会众议院通过了《美国清洁能源与安全法案》，其中减少全球变暖部分规定了碳衍生产品市场的相关内容，该法案第 342 部分规定了碳排放配额

---

① Summary of Market Transfers Completed in 2019, ARB 网站, https://ww2.arb.ca.gov/cap-and-trade-program-data.
② 《马塞诸塞州州诉讼美国环境保护署判例，依据《清洁空气法》202 条第 (a) 1 规定。https://www.epa.gov/clean-air-act-overview，最后访问于 2016 年 4 月 16 日。

同其他能源产品一样是《美国商品交易法案》商品的一种，在没有特殊规定的情况下受该法案管辖。① 2009年12月7日，在哥本哈根气候变化大会召开之际，美国环境保护署进一步裁定：把二氧化碳列为污染物，将温室气体纳入《清洁空气法》管制。在州一级的监管层面上，大多数的监管职责由州一级职能部门承担，多以州环保行政机构和能源监管机构为主。目前《美国清洁能源与安全法案》将碳衍生产品列入商品范围，由《美国商品交易法案》进行规制，受到严格的监管，必须在交易所进行交易。美国《美国清洁能源与安全法案》授权美国商品期货交易委员（CFTC）为碳衍生品市场的监管主体，CFTC可根据《美国商品交易法案》和《美国清洁能源与安全法案》制定具体的监管政策。② CFTC承担了制定规则、调查取证以及最终负责向市场操纵者提起民事诉讼等具体职责，在针对市场不法行为的案件中起到了至关重要的作用。

2. RGGI市场的监管

RGGI市场建立的基础是由美国7个参与州的州政府于2005年签订的合作备忘录（MOU）。在合作备忘录规定的原则的基础上，各个参与州分别完成本州相关的立法，并指定了各州的政府监管机构，一般为各州政府的环境监管机构。具体执行层面，RGGI市场监管由独立第三方专业市场监管公司Poto-

---

① American Clean Energy and Security Act 2009，H. R. 2454，pp1047 – 1048.
② American Clean Energy and Security Act 2009，H. R. 2454，pp1057 – 1060.

mac Economics 执行。

3. 加州碳市场的监管

在该州通过《全球温室效应治理法案》前，加州能源委员会（CEC）、加州空气资源委员会（ARB）、加州环境保护署（Cal EPA）对碳交易市场联合监管，在法案通过后则由加州环境保护署统一进行监管，加州空气资源委员会（ARB）负责具体工作执行及市场监管等相关工作。加州空气资源委员会（ARB）已经与许多加州和联邦机构合作以确保交易合规和市场有序发展，如与加州总检察长办公室密切合作以制定方案条例及提供为执法活动提供支持。ARB 的工作人员与加利福尼亚独立系统运营商（CAISO）、商品期货交易委员会（CFTC）和联邦能源监管委员会（FERC）积极进行市场监管方面的讨论[①]。

三、其他国家碳市场的机制设计与监管框架

（一）日本

日本东京都政府于 2002 年 4 月推出了"全球变暖对策计划"，该计划要求大型商业机构计算、报告和设定温室气体排放目标。在此基础上，东京都于 2010 年 4 月启动了日本第一

---

① 加州空气资源委员会网站，https：//ww3. arb. ca. gov/cc/capandtrade/marketmonitoring/marketmonitoring. htm。

个地方碳市场。随即，埼玉县碳市场也于 2011 年 4 月启动，并与东京碳排放交易体系建立了连接。2022 年，日本交易所集团（JPX）宣称将与日本经济产业省合作，在东京证券交易所设立日本二氧化碳排放交易市场。

1. 机制设计

日本东京都、埼玉县两地以本地区历史温室气体排放量为基准，各自设定了本地区的减排目标，其中东京都较为激进，提出了 2050 年实现"零碳"的目标，而埼玉县目标为到 2020 年比 2005 年排放水平降低 21%。两地区履约时间段相似，东京都为 2010—2014 年、2015—2019 年，埼玉县 2011—2014 年、2015—2019 年。两个碳市场覆盖范围均为消耗化石能源和电力的建筑物。东京都的惩罚措施有一定特点，政府首先要求未履约主体按履约缺口的 1.3 倍履约，一定时间内仍不履约再罚款并同时要求 1.3 倍履约。埼玉县暂无惩罚措施。两个地方碳市场均允许控排企业购买其他控排企业超出其预先设定减排目标的"超过削减量"及四种项目减排量用于履约，包括东京都（或埼玉县）本地区中小型未纳入履约范围企业的项目减排量、绿证、东京都（或埼玉县）以外地区的项目减排量、埼玉县（或东京都）中小型未纳入履约范围企业的项目减排量四种。日本政府将要求温室气体排放量高的企业有义务参与碳排放权交易。虽然目前仅限于自主参与，但预计最早 2026 年度以电力、钢铁、化工等排放量大的企业为对象，日本政府将要求其有义务参与。

2. 监管框架

东京都碳市场主要法规包括《东京零排放战略》《确保东京居民健康和安全的环境执法条例》以及东京都环保部门制定的其他细则。埼玉县碳市场主要法规包括《埼玉县全球变暖应对促进条例》《埼玉县全球变暖应对促进条例实施细则》以及埼玉县环保部门制定的其他细则。

3. 市场表现

由于场外交易的特点,日本碳市场目前缺乏公开的交易数据。东京都环境局定期会对企业进行问卷调查后在官网公布交易价格区间,供相关企业参考。根据 2020 年 3 月的调查结果,2020 年 1—2 月"超过削减量"交易价格区间为 200~1 000 日元/吨,项目减排量交易价格区间为 4 800~6 400 日元/吨。[1]

(二) 韩国

韩国碳市场创立于 2015 年 1 月 1 日,是东亚地区第一个国家级碳市场,也迅速成为全球主要碳市场之一。韩国碳市场的一大特点是其在启动之初就纳入了全国约 70% 的温室气体排放量。

---

[1] https://www.kankyo.metro.tokyo.lg.jp/climate/large_scale/trade/index.files/sateikakaku_202006.pdf.

1. 机制设计

以 2012 年度韩国温室气体排放量为基准,韩国碳市场的碳减排目标为到 2030 年下降 22%。韩国碳市场第一、第二阶段均为三年(2015—2017 年、2018—2020 年),第三阶段为五年(2021—2025 年)。目前,工业、建筑、交通、热和能、垃圾处理、公共事业六大行业纳入碳市场履约范围,共涉及约 600 个履约主体。在第一阶段(2015—2017 年),配额免费分配;从第二阶段起,除免费分配外,少量配额将由拍卖产生,且拍卖产生的比例将逐步提高。未履约主体将被处以每吨不超出市场平均配额价格 3 倍或不超过每吨 100 000 韩币的罚款。每个履约主体可以使用不超过 10% 的项目减排量替代配额履约,其中在第一阶段内只能使用产生于本国的项目减排量,第二阶段内可以使用总体不超过 10%,其中可以包括不超过 5% 的 CDM 项目减排量履约。

2. 监管框架

2010 年 4 月 14 日,韩国正式实施《低碳绿色成长基本法》和《低碳绿色成长基本法实施令》。这两部法律构筑了韩国发展低碳经济、实现绿色成长的制度性框架,应对气候变化是其中重要的组成部分。这两部法律均要求政府制定根据国际气候变化谈判的进展,制定中长期温室气体减排目标,并可在国内开展总量控制与交易,以降低减排成本。2012 年 5 月,韩国颁布《温室气体排放权分配及交易法》,对温室气体配额分配与交易、温室气体排放数据的真实性、碳排放交易二级市场监管、被监管企业正当权益保护和违法行为的法律责任部分都做了较为充分的规定。此外,韩国政府还先后颁布了《温室气体排放配额分配与交易法实施法令(2012年)、《碳汇管理和改进法》及其实施条令(2013年)、碳排放配额国家分配计划(2014年)以及其他相关法律配套制度等,从立法层面上保障了韩国碳排放权交易体系的顺利运行。

3. 市场表现

受疫情冲击,韩国碳市场2020年1—4月成交额较少,但成交价较上年水平相对稳定,保持在约35 000~40 000韩元/吨之间。但韩国环境部的调查结果显示,2020年第二季度碳市场覆盖的排放量首次出现下降,导致碳配额受供过于求的影响,韩国碳价在第二季度成交额激增,同时成交价迅速下跌了约20%,至2020年6月底处于约30 000韩元/吨的水平。2020年上半年,韩国碳市场累计成交额2 704亿韩元,成交量约765万吨。[①]

(三) 瑞士

瑞士碳市场创立于2008年,但前五年为自愿加入,可以理解为试运行阶段。2013年起,强制履约的市场正式建立并运行至今。

[①] 数据来自韩国碳交易所官方网站,包含场内及协议转让两种交易方式。

1. 机制设计

以 1990 年度瑞士温室气体排放量为基准,瑞士碳市场的碳减排目标为到 2020 年至少下降 20%,2025 年下降 35%,2030 年下降 50%。瑞士碳市场强制交易的第一个阶段内,即 2013—2020 年。水泥、化学品和药品、炼油、造纸、供暖等 25 个子行业被纳入碳市场履约范围。强制交易阶段的瑞士碳市场采用免费分配与拍卖相结合的方式产生配额,每年 3 月 31 日后仍未履约的主体将被按照每吨配额 125 瑞士法郎的价格罚款。瑞士碳市场只允许使用一定数量的产生于国外的项目减排量代替配额履约。

2. 监管框架

瑞士先后制定《环境保护法》《二氧化碳减排法》,致力于完成瑞士所承担的 8% 京都减排义务,涵盖瑞士全国 80% 的温室气体排放。2011 年 12 月,该法案修改加入了瑞士 2020 年以 1990 年排放水平减排 20% 的目标规定,这一目标折算后为截至 2020 年绝对减排量 10.5MtCO2e,修改后的《二氧化碳减排法》于 2013 年 1 月 1 日正式生效,成为建立强制履约碳市场的基础。

3. 市场表现

2019 年,瑞士于 3 月进行第一次拍卖,拍卖价格为 7.15 瑞士法郎/吨,拍卖成交量为 33.6 万吨;于 11 月进行了第二次拍卖,拍卖价格为 18.15 瑞士法郎/吨,拍卖成交量为 33.9

万吨。受疫情影响，瑞士政府将 2020 年 3 月的拍卖推迟到了 6 月，但市场上配额供过于求，导致 6 月的拍卖被取消。

（四）新西兰

新西兰碳市场建立于 2008 年。在碳市场建立之初，新西兰政府本希望将本国碳市场作为全球应对气候变化的一部分，积极与国际对接。但是，随着应对气候变化国际合作的停滞，2015 年起，新西兰逐步将碳市场转向本国国内封闭运行。

1. 机制设计

以 2005 年度新西兰温室气体排放量为基准，新西兰碳市场的碳减排目标为到 2030 年下降 30%。与一些碳市场不同，新西兰碳市场没有人为划分市场阶段。林业、液化化石燃料、固定能源和工业加工部门目前被纳入履约范围，共涵盖约 2 400 个履约主体。目前，配额由政府免费分配产生，但新西兰政府正在考虑最早于 2020 年底引入配额拍卖的可能性。履约主体以年为单位完成 MRV 工作，并于每年 3 月 31 日前上报相关材料。未按时履约主体将按每单位 30 新西兰元罚款，造假将最高被罚款 50 000 新西兰元。2015 年之前，新西兰碳市场允许使用一定比例的产生于国外的项目减排量履约。

2. 监管框架

现行主要监管法规为 2001 年底通过的《Climate Change Response Act 2002 – Part 4 New Zealand Greenhouse Gas Emissions Trading Scheme》。2008年9月，新西兰对该法案进行修订，明确 NZ ETS 是新西兰以低成本控制温室气体排放的主要措施，给所有经济部门限定了 CO_2 排放限额，超额排放需购买额外指标，并确定了加入的行业部门和时间表、温室气体类型、排放单位的配额分配、碳价格等内容，同时制定措施以降低 NZ ETS 对企业、家庭、就业的影响。2012年8月，在欧洲债务危机恶化、全球碳交易市场低迷的情况下，新西兰再次修订该法案，确保 NZ ETS 的推行不会使国内企业、家庭面临额外经济成本的增加，同时提高 NZ ETS 系统的运作效率，确保 NZ ETS 在新西兰减排工作中发挥更大的作用。

3. 市场表现

新西兰碳价在2020年一季度受疫情影响一路走低，自年初的约29新西兰元/吨下跌至约22新西兰元/吨，跌幅超过30%。4月下旬起，一方面新西兰疫情得到了控制，市场逐步恢复；另一方面，新西兰政府公布了2021—2025年碳市场管理法案草案稿，拟进一步增强碳排放约束，帮助实现其2019年11月以119票支持1票反对通过的立法承诺的2050碳中和目标。[①] 在两方面因素作用下，新西兰碳价迅速回升，自2020年6月10日起突破30新西兰元/吨，并保持在32新西兰元/吨左右的水平。[②]

---

① New Zealand Commits to Being Carbon Neutral by 2050, https://www.npr.org/2019/11/07/777259573/new-zealand-commits-to-being-carbon-neutral-by-2050-with-a-big-loophole.

② 新西兰碳交易信息网，http://www.carbonnews.co.nz。

四、国际碳期货市场的发展经验

欧盟、美国等地区和国家成功建立和运行碳市场不仅将全球主流经济活动纳入到了碳排放约束范围内,更为其他国家和地区建立本地区碳市场提供了智力支撑和经验借鉴。

(一)强制减排型碳配额是碳期货交易的前提

国际上碳排放权交易模式主要有两种,即强制减排和自愿减排。强制减排模式下的交易份额占80%以上,是国际碳市场的主流。强制减排下的碳排放权也成为碳配额,是国际碳期货、碳现货市场主要的交易标的。总量控制下的碳配额具有稀缺性,加之履约的强制约束力,使得强制减排型碳配额的交易参与者更多、交易更活跃,在减排效果和市场发展可持续性上明显优于自愿减排交易。

(二)碳期货市场发展需要特定的市场基础

碳排放权是记载温室气体排放的权利凭证。与一般期货品种必须基于成熟现货市场的发展路径不同,碳排放权的天然标准化、易存储、中远期使用等特点使得国际碳期货、现货市场同步发展,碳期货和现货市场发展的法律基础、注册登记系统及监测、报告与核查(MRV)制度一致。

1. 法律制度是构建强制减排型碳期货、现货市场的基础

建立和发展碳期货、现货市场的关键要素需要通过法律条文进行明确和规定。国际碳减排的法律中明确了减排目标和减排实施对象,以及为达到减排目标所采用的交易机制,并规定了配额总量确定、分配、发放的方法和步骤,排放核查方法及相关行政管理制度。欧盟碳金融市场的相关法规明确了碳排放权的法律属性。欧盟碳市场自成立以来,在ETS层面通过条例、指令、决议等形式进行规范,并不断对相关法律文件进行修订;美国加州碳市场是在加州"全球气候变暖解决方案法案2006"(AB 32)基础上逐步建立并完善的。

2. 统一的注册登记系统提高碳期货、现货市场运行效率

碳配额以电子凭证的形式储存在注册登记系统中,注册登记系统建立并管理市场参与者账户,记录账户中碳排放权的发放、转移和注销。建立统一管理、运作规范的碳配额注册登记系统,能减少配额管理和交易的成本,提高市场运作效率,对维护碳期货、现货市场平稳运行有至关重要的作用。2011年前,由于注册登记系统存在安全漏洞,欧洲屡屡发生配额被盗事件,对欧盟碳市场的正常运行造成了重大影响。

3. 标准统一的MRV制度是碳期货、现货市场公信力的保障

MRV系统包括监测、报告和核查三部分。监测是为了计算企业碳排放而采取的一系列技术和管理措施;报告是指企业

将碳排放相关监测数据进行处理并报告给行政主管部门；核查是指由第三方核查认证机构对企业碳排放信息报告的真实性进行核实。国际碳排放权体系已经形成了一整套 MRV 的基本方法学，为不同的行业企业制定了科学的、有针对性的核证指南，以法律形式规定了核查认证的实施路径，以及严格的第三方核查认证机构准入管理制度。MRV 制度是制定减排目标和碳配额总量的依据，也是分配配额和确认减排效果的基础。科学的 MRV 监测制度和公正的执行机构，不仅帮助企业科学管理碳排放，更是国际碳交易的重要监管手段，为碳市场公信力提供有力保障。

（三）碳期货监管制度是市场健康发展的重要条件

1. 建立跨部门分工协作机制

碳配额由政策创设，服务于政府既定的减排目标。分配、发放、履约直接影响碳配额的市场价格。保障碳期货市场平稳健康发展，不仅需要监管部门依法维护市场"三公"，还需行政主管部门科学合理地进行碳配额管理。建立跨部门分工协作机制是国际碳期货市场监管体系的一项重要内容，通常做法是由行政主管部门管理配额分配及履约、由市场监管部门来管理碳交易市场，部门之间建立信息共享、协同监管机制，有效防范了市场风险。同时，由于碳配额的特殊性，开展碳期货交易对交易平台的自律监管要求较高。非专业从事期货交易的交易所开展碳期货交易存在一定风险。

2. 明确碳排放权属性与碳期货交易规则

欧盟碳金融市场的相关法规明确了碳排放权的法律属性，并通过 MAD 以及 MiFID 等金融监管规定对碳期货交易进行了有效的规定，ICE 和 EEX 等成熟的交易场所也将碳期货纳入了自身的业务范围。

3. 建立有效的风险防范机制

一是对内幕交易的监管中，随市场变化逐步扩大其适用对象，欧盟及美国同时制定相关法令修正内幕消息的定义、规范内幕消息知情人，并逐步将场外市场纳入场内清算，增强市场透明度。其信息披露制度包括内幕信息知情人名单和交易报告机制，要求交易者全面披露与交易有关的非公开信息，并要求市场参与者及时通报可疑交易，从而保证其他交易者不受误导。

二是细化市场操纵行为规范。欧盟及美国不断具体化操纵行为的标准及相应监控范围。美国主要根据可供交割量建立不同层次现仓制度和信息报告制度。欧盟关于碳期货的顶层监管机制及交易场所风险防范的相关措施，有效地形成了欧洲碳市场的风险防控机制。

（四）碳市场制度完善是期货品种上市的重要保障

1. 市场体系健全

碳期货市场应建立在全国统一碳市场的基础上，全国统一碳市场形成的关键在一级市场的总量限制和分配、二级市场的流通。碳市场不同于普通的大宗商品市场，其供给是政府创设的，因此设定全国碳排放总量和地区间的分配方式是统一碳市场形成的基础。总量限制一方面是完成节能减排目标的重要手段，另一方面也通过创造碳配额的稀缺性来促进交易、形成价格。地区间合理的分配方式能保证市场的公平。合理的总量限制和分配建立在全国摸底的基础上，这与前面提到的 MRV 制度密不可分。从市场层次来看，欧盟和美国碳市场均分为一级市场和二级市场。其中，一级市场方面，除美国 RGGI 全部为拍卖分配外，欧盟和加州均包含了免费和拍卖两种分配方式。

2. 覆盖范围广泛全面

建立碳市场的主要目的是控制温室气体排放，因此，碳市场首先要尽可能地扩大其控排约束的覆盖范围，这是实现控排目标的前提。一是纳入控排的排放总量占比较大，美国加州、加拿大碳市场纳入控排的温室气体排放总量占比均已达到80%，韩国碳市场也达到了70%。二是纳入控排的行业范围广阔，工业、电力、建筑、交通、航空、废弃物、林业等多种主要的温室气体排放行业被纳入控排和交易的范围。三是纳入控排的温室气体种类全面，除了 CO_2 之外，欧盟碳市场还包括了 N_2O、PFCs，加州碳市场更是覆盖了 CH_4、N_2O、SF_6、HFCs、PFCs、NF_3 等。

3. 金融机构积极参与

提升市场活力一方面需做好投资者教育，另一方面也需要引入金融机构、产业基金等多元化的市场参与主体。目前，欧盟碳市场已经形成一条完整的交易链条。随着碳市场层次结构清晰以及服务功能完善，市场参与主体进一步丰富，除控排机构外，产业基金、投资银行、证券公司、对冲基金等金融机构也活跃于碳市场中。

（五）发展碳期货有助于提高碳市场的有效性

欧美碳期货的发展吸引了大量金融机构参与市场，极大提高了碳市场的流动性和有效性。欧盟自 2005 年 6 月推出碳期货期权交易，EUA 和 CER 期货、期权、互换发展迅速，吸引二级市场投资者加入碳交易。美国碳市场也推出了特定年份期货产品和碳补偿期货、碳期权等金融衍生品交易。在碳期货等衍生品市场的发展推动下，荷兰银行、汇丰银行、花旗银行等欧美的商业银行纷纷尝试运作不同类别的碳金融资产，为控排企业提供碳融资和咨询服务，同时也为碳交易所提供结算等服务。金融机构的参与提高了市场流动性，为碳现货企业风险转移创造条件，吸引了大量套期保值商加入。同时，随着碳市场参与者对碳期货产品的了解和使用，欧洲碳期货市场规模不断扩大到现货的 20 倍左右，又进一步降低了控排企业碳现货履约过程中的价格风险，并依托碳期货作为合格补充担保品有效提升企业的投资效率，进而撬动更多社会资本参与应对气候变化。

(六）碳市场建设不可一蹴而就，需在行动中学习并不断完善

国际碳市场的实施过程中出现过很多问题，但其凭借快速行动、在行动中学习并不断改善的思路使碳市场建设不断完善。

1. 柔性机制应对市场失灵

欧盟在设定碳排放权配额总量时曾未考虑经济波动因素，未建立相应的调节机制以应对市场变化，而濒临崩溃。2008年的经济危机导致欧洲企业生产活动萎缩，进而降低了对碳配额的需求，导致市场出现严重的供过于求和价格暴跌，影响了欧盟碳排放权交易体系的功能发挥。为此，欧盟的政策制定者通过抵消制度收紧、折量拍卖、市场稳定储备等一系列柔性机制，向市场参与者传达出强烈的信号，以稳定市场参与方的温室气体减排预期。随着市场稳定储备机制实施日期的临近，欧盟碳配额 EUA 价格也突破了多年在个位数徘徊的低迷状态，从 2016 年的 5 欧元/吨逐步上升到当前的 25 欧元/吨左右。

2. 快速纠错应对市场欺诈

一是增值税欺诈。2009 年至 2010 年间，欧盟碳信用被广泛用作增值税欺诈工具，本地公司将进口的碳信用卖给其他国内公司并收取增值税费后随即注销。2010 年 3 月，欧盟采用反向征收机制作为应对措施，结束了此类诈骗行为。二是

"钓鱼攻击"。2011年,黑客通过非法进入欧盟碳市场参与者的私人交易账户窃取碳排放配额,并将其出售获利,迫使欧盟委员会与成员国迅速采取行动封堵系统漏洞。三是减排量循环使用。欧盟某成员国将已用于履约的核证减排量转卖,致使欧盟主要现货交易所因故停止交易。为此,欧盟迅速修正注册法规以防范此类事件再次发生。

第四章

中国碳金融市场发展情况

一、碳市场发展的政策环境

用市场机制推进节能减排、应对气候变化,一直是中国的政策基调。"十二五"以来,为了应对越来越严峻的环境挑战,逐步推动建设全国统一碳排放权交易市场、推进温室气体自愿减排市场建设,已经成为我国生态文明制度建设的重要一环。

(一)碳约束目标

1. 建立领导机制及工作规划

2004年7月1日,中国政府颁布《清洁发展机制项目运行管理暂行办法》[①],提出清洁发展机制项目的相关安排工作,

---

① 2011年8月3日,国家发改委、科技部、外交部、财政部发布了修订后的《清洁发展机制项目运行管理办法》,该办法自发布之日起施行,2005年10月12日施行的《清洁发展机制项目运行管理办法》同时废止。

并于2005年10月12日开始实施。2007年6月，中国政府发布了《中国应对气候变化国家方案》，这是发展中国家第一个应对气候变化的国家级方案；同月成立了由总理领衔的"国家应对气候变化领导小组"，作为国家应对气候变化和节能减排工作的议事协调机构。2010年8月、2012年11月，国家发改委先后下发《关于开展低碳省区和低碳城市试点工作的通知》《关于开展第二批低碳省区和低碳城市试点工作的通知》，在全国多个地区开展低碳省区、低碳城市试点，要求试点将应对气候变化工作纳入当地"十二五"规划，明确提出控制温室气体排放的行动目标、重点任务和具体措施，研究运用市场机制推动实现减排目标。2011年12月，国务院发布《"十二五"控制温室气体排放工作方案》，明确了到2015年控排的总体要求和主要目标。2016年10月，国务院发布《"十三五"控制温室气体排放工作方案》，明确了2020年控排的总体要求和主要目标。2020年9月，中国提出"2030年前碳达峰、2060年前碳中和"目标。2021年3月，国务院发布《中华人民共和国国民经济和社会发展第十四个五年规划和2035年远景目标纲要》，提出"十四五"期间，单位国内生产总值二氧化碳排放降低18%。2024年5月，国务院发布《2024—2025年节能降碳行动方案》，提出"2024年单位国内生产总值二氧化碳排放降低3.9%左右，2025年非化石能源消费占比达到20%左右"等目标。

2. 不断强化减排承诺

（1）40-45目标。2009年11月，为推动哥本哈根气候大会达成协议，中国政府向国际社会郑重承诺：到2020年单位GDP碳排放强度比2005年下降40%~45%，将它作为约束性指标纳入国民经济和社会发展中长期规划，同时建立全国统一的统计、监测和考核体系。

（2）碳排放峰值目标。2014年11月，在历史性的《中美气候变化联合声明》中，中国政府承诺，到2030年左右碳排放达到峰值并将争取早日达峰，2030年同时将非化石能源占一次能源消费的比重提高到20%。

（3）《巴黎协定》。2015年12月，包括中国在内的近200个国家在《巴黎协定》中一致同意，将全球平均气温升幅控制在工业化前的2℃之内并尽量控制在1.5℃以下，且争取在本世纪下半叶实现近零排放。

（4）60-65目标。2015年9月，中国政府在《中美元首气候变化联合声明》中承诺，到2030年我国单位GDP碳排放强度将比2005年下降60%~65%。

（5）碳中和目标。2020年9月，在第七十五届联合国大会一般性辩论上，中国提出推动疫情后世界经济"绿色复苏"，提高国家自主贡献力度，采取更加有力的政策和措施，二氧化碳排放力争于2030年前达到峰值，努力争取2060年前实现碳中和。

（二）碳交易政策

1. 中央的政策宣示

2010年9月，国务院《关于加快培育和发展战略性新兴产业的决定》首次提出要建立和完善主要污染物和碳排放交易制度；同年10月，中共中央关于"十二五"规划的建议明确提出，把大幅降低能源消耗强度和碳排放强度作为约束性指标，逐步建立碳排放交易市场。2012年11月，具有里程碑意义的党的十八大报告要求，积极开展碳排放权交易试点。2013年11月，党的十八届三中全会的决议进一步明确要求，推行碳排放权交易制度。2015年9月，中共中央、国务院《生态文明体制改革总体方案》提出，要深化碳排放权交易试点，逐步建立全国碳市场。2016年3月，国家"十三五"规划提出，建立健全用能权、用水权、碳排放权初始分配制度，创新有偿使用、预算管理、投融资机制，培育和发展交易市场。2017年10月，党的十九大报告要求，构建政府为主导、企业为主体、社会组织和公众共同参与的环境治理体系，积极参与全球环境治理，落实减排承诺。2021年7月，国家领导出席并宣布全国碳市场上线交易正式启动。2024年5月，国务院发布《2024—2025年节能降碳行动方案》，提出稳妥扩大全国碳排放权交易市场覆盖范围，逐步推行免费和有偿相结合的碳排放配额分配方式等措施。

2. 国家主管部委的工作部署

我国碳市场工作的主管部委先后为国家发改委、生态环境部。

（1）碳排放权交易试点。2011年10月，国家发改委下发《关于开展碳排放权交易试点工作的通知》，批准在北京、天津、上海、重庆、湖北、广东和深圳等七个省市开展碳排放权交易试点工作。

（2）管理办法。2012年6月，国家发改委颁布《温室气体自愿减排交易管理暂行办法》，从交易产品、交易主体、交易场所与交易规则、登记注册和监管体系等方面，对中国核证自愿减排（CCER）项目交易市场进行了详细的界定和规范；同年10月，国家发改委颁布配套的《温室气体自愿减排项目审定与核证指南》，明确了自愿减排项目审定与核证机构的备案要求、工作程序和报告格式。2014年12月，国家发改委发布《碳排放权交易管理暂行办法》，搭建起全国统一的碳排放权配额交易市场的基础框架，就其发展方向、思路、组织架构以及相关基础要素设计进行了系统性的规范。

（3）全国碳市场启动准备。2016年1月，国家发改委发布《关于切实做好国碳市场启动重点工作的通知》，为确保2017年启动全国碳排放权交易和实施碳排放权交易制度进行准备和动员，要求对参与全国碳市场的8个行业拟纳入企业的历史碳排放进行核算、报告与核查，同时开展相关的能力建设等工作。2017年12月，国家发改委发布《全国碳市场建设方案（发电行业）》，标志着我国碳排放交易体系完成了总体设计，并正式启动。将以发电行业为突破口，分基础建设期、模拟运行期、深化完善期三阶段稳步推进碳市场建设工作。气候司完成部门转隶后，2019年4月，生态环境部发布《碳排放权交易管理暂行条例（征求意见稿）》。2024年1月，《碳排放权交易管理暂行条例》以中华人民共和国国务院令（第775号）的形式颁布，自2024年5月1日起施行。该文件的正式稿落地，为全国碳市场建设奠定法律制度基础。

3. 碳金融市场政策

2016年8月,中国人民银行、财政部、国家发展改革委、环保部、银监会、证监会、保监会七部门联合出台《关于构建绿色金融体系的指导意见》,将碳金融作为绿色金融体系的重要一环进行了部署,涵盖了碳金融产品、环境权益市场及环境权益融资等内容,明确提出有序发展碳远期、碳掉期、碳期权、碳租赁、碳债券、碳资产证券化和碳基金等碳金融产品和衍生品工具,探索研究碳排放权期货交易。2024年3月,中国人民银行联合国家发展改革委、工业和信息化部、财政部、生态环境部、金融监管总局、中国证监会等七部门发布《关于进一步强化金融支持绿色低碳发展的指导意见》,提出要推进碳排放权交易市场建设,依据碳市场相关政策法规和技术规范,开展碳排放权登记、交易、结算活动,加强碳排放核算、报告与核查。研究丰富与碳排放权挂钩的金融产品及交易方式,逐步扩大适合我国碳市场发展的交易主体范围。合理控制碳排放权配额发放总量,科学分配初始碳排放权配额。增强碳市场流动性,优化碳市场定价机制。

二、碳市场发展情况

(一)全国统一碳市场已经建设

从"十二五"规划纲要,到党的十八届三中、五中全会决议，以及《生态文明体制改革总体方案》，都对建立我国的碳排放权交易制度做了相应部署。2016年3月发布的"十三五"规划再次明确要求，要推动建设全国统一的碳排放交易市场，实行重点单位碳排放报告、核查、核证和配额管理制度。为贯彻落实党中央、国务院关于建立全国碳市场的决策部署，稳步推进全国碳市场建设，经国务院同意，国家发展改革委于2017年12月18日印发了《全国碳市场建设方案（发电行业）》（以下简称《方案》）。2021年7月，全国统一碳排放权交易市场正式启动。

1. 稳步推进全国碳市场建设

2017年12月19日，国家发改委召开电视电话会议，就全面落实《方案》任务要求，推动全国碳市场建设作动员部署。《方案》明确全国碳市场将分三个阶段进行稳步推进。第一阶段，基础建设期，用一年左右时间，完成全国统一的数据报送系统、注册登记系统和交易系统建设。第二阶段，模拟运行期，用一年左右时间，开展发电行业配额模拟交易，全面检验市场各要素环节的有效性和可靠性，强化市场风险预警和防控机制。第三阶段，深化完善期，在发电行业交易主体间开展配额现货交易，交易以履约为目的，在发电行业碳交易稳定运行前提下，逐步扩大市场覆盖范围，丰富交易品种和交易方式，尽早纳入核证自愿减排量（CCER）。

《方案》和准备出台的《碳排放权交易管理条例》《企业碳排放报告管理办法》《第三方核查机构管理方法》《碳排放权市场交易管理办法》以及相关实施细则，构成全国碳排放交易体系的法规基础。

2. 中国核证自愿减排项目恢复启动

清洁发展机制（CDM）是我国在 2013 年之前唯一可以参加碳排放交易的方式。中国减排项目参与 CDM 机制的主要收购方为欧盟市场，用于欧盟碳排放交易体系（EU ETS）的配额抵消。2012 年，欧盟规定 2013 年后将严格限制减排量大的 CDM 项目进入欧盟碳交易市场，只接受最不发达国家新注册的 CDM 项目，并且不再接受中国、印度等国家的项目。为给国内减排项目寻求新的出路，2012 年 6 月，国家发改委印发《温室气体自愿减排交易管理暂行办法》，开辟了国内核证自愿减排（CCER）市场。2017 年 3 月，由于在《温室气体自愿减排交易管理暂行办法》施行中存在各种问题，国家发改委发布公告，暂停了 CCER 项目的备案申请受理，CCER 市场活跃度下降。2020 年我国双碳目标提出后，CCER 市场的重启备受期待。2023 年，系列有关全国温室气体自愿减排机制的政策文件制定并发布，包括《温室气体自愿减排交易管理办法（试行）、4 项 CCER 方法学、《温室气体自愿减排注册登记规则（试行）》《温室气体自愿减排项目设计与实施指南》《温室气体自愿减排交易和结算规则（试行）》《温室气体自愿减排项目审定与减排量核查实施规则》等。2024 年 1 月，全国 CCER 市场正式重新启动。2024 年 1 月，全国 CCER 市场正式启动。

3. 机构转隶完成

2018 年 4 月 16 日，国家按照山水林田湖草是一个生命共同体理念组建生态环境部,整合政府部门生态环境保护职责,并于8月出台生态环境部"三定方案",应对气候变化的职能由国家发展改革委转隶生态环境部。2018年9月5日,生态环境部就下一步加快碳市场建设,提出四项重点工作:一是加快建立完善全国碳市场制度体系;二是加快推进全国碳市场基础设施建设;三是推动重点单位碳排放报告、核查和配额管理;四是强化基础能力建设。2018年10月31日,生态环境部应对气候变化司司长在新闻发布会上表示,"建设全国碳市场是一项非常复杂的系统工程,需要扎实工作、逐步推进",生态环境部应对气候变化司机构和人员转隶调整已经基本到位。部门机构重组延缓了全国碳市场建设,但环境政策、立法将更为协调和统一,为加快全国碳市场建设提供坚实基础和有力保障。2018年陷于停顿状态的全国碳市场建设工作,2019年全面提速,2021年全国统一碳排放权交易市场正式启动,2024年全国CCER市场正式启动。中国碳市场建设底层基础设施已经完备。

4. 制度体系完善

2019年4月3日,生态环境部发布《碳排放权交易管理暂行条例(征求意见稿)》,标志着全国碳市场立法工作和制度建设取得重要进展,将为全国碳市场建设提供政策基础和律法保障。2019年5月28日,发布《关于做好全国碳市场发电行业重点排放单位名单和相关材料报送工作的通知》,将登记注册及交易系统开户工作提上日程,为模拟交易启动奠定基础。2019年6月14日,发布《大型活动碳中和实施指南(试行）》，有利于公众树立绿色低碳的价值观和消费观，促进我国控制温室气体排放。与此同时，我国正式申请CCER应用于国际航空碳抵消机制，为中国在CORSIA下的国际合作迈出了重要一步。2024年1月，《碳排放权交易管理暂行条例》以中华人民共和国国务院令（第775号）的形式颁布，自2024年5月1日起施行。该文件的正式稿落地，为全国碳市场建设奠定法律制度基础。

5. 基础设施建设

2017年12月，国家确定湖北省和上海市分别牵头建设运营全国碳排放权注册登记系统和交易系统，北京市等其他7个省市共同参与系统建设和运营。2018年12月，湖北碳排放权交易中心有限公司对国家碳排放权交易注册登记系统协同办公及数据传输设备采购项目和碳排放权注册登记清结算功能开发项目分别进行了公开招标。2019年7月，上海联合产权交易所有限公司全国碳排放权交易系统建设项目的评标结果公示，恒生电子将于一年完成并交付该系统。2019年9月，生态环境部气候司司长表示，目前全国碳市场建设稳步推进，制度体系、基础设施、人员队伍等方面建设初见成效。2021年7月，北京、湖北两地同时启动，全国统一碳排放权交易市场正式上线。

6. 重点单位配额分配

2019年9月25日，生态环境部发布了《2019年发电行业重点排放单位（含自备电厂、热电联产）二氧化碳排放配额分配实施方案（试算版）》。本配额分配实施方案提出两套方案，方案一按常规燃煤机组，燃煤矸石、水煤浆等非常规燃煤机组（含燃煤循环流化床机组）和燃气机组分别设定行业基准值；方案二按照300MW等级以上常规燃煤机组、300MW等级及以下常规燃煤机组，燃煤矸石、水煤浆等非常规燃煤机组（含燃煤循环流化床机组）和燃气机组分别设定行业基准值。2024年3月15日，生态环境部发布了关于公开征求《企业温室气体排放核算与报告指南 铝冶炼行业》《企业温室气体排放核查技术指南 铝冶炼行业》意见的通知。

7. 基础能力建设

为进一步提升全国碳市场各类主体参与能力和管理水平，做好全国碳市场运行测试相关准备工作，2019年9月25日，生态环境部发布《关于举办碳市场配额分配和管理系列培训班的通知》（环办培训函〔2019〕132号）。根据通知，生态环境部将于年底前在包括成都、新疆、西安、长春、北京、太原、呼和浩特、南京、南昌、郑州、海口、杭州、上海、济南和青岛等省市举办8期碳市场配额分配和管理系列培训班，参训人员分为各省生态环境主管部门碳市场相关工作干部、支撑单位技术骨干，及发电行业重点排放单位的相关人员。

（二）碳排放权交易市场初见成效

自2021年7月正式上线交易以来，全国碳排放权交易市场已经走过两年半的时间。目前这一市场已经顺利完成两个履约周期，碳排放核算和管理能力明显提高，市场活跃度有所提升，并成长为全球覆盖温室气体排放量最大的碳市场。

目前，全国碳市场在第二个履约周期内基本维持着稳中求进的总基调，在保障市场稳定运行、配额清缴工作顺利展开的基础上，取得了很多积极成效。一是建立了一套完善的碳排放权交易体系，不断夯实碳排放权交易基础。二是在碳市场机制下，通过配额管理制度，充分发挥市场配置作用，将温室气体控排责任压实到企业，有效促进电力行业碳排放降低。三是企业通过参与碳市场交易和配额履约，树立了"排碳有成本，减碳有收益"的减排意识，完善了碳排放管理体系。四是碳价发现机制逐步形成，为开展气候投融资、碳资产管理、碳金融等碳定价活动锚定了基准价格参考。

三、推行碳期货市场的客观需求和现有条件

（一）推行碳期货市场的客观需求

建立碳市场主要是为了服务减排目标的达成，这个目标的达成来源于通过总量与交易（Cap and Trade）以及一系列配套机制，以一个适度从紧的碳价给予各个控排主体一定的减排压力，促使其通过各种方式减排。但如果碳价是不稳定的，当碳价过低时，控排主体的减排压力不足，减排目标难以实现；当碳价过高时，控排主体承担了额外的、不必要的财务负担，进而降低其市场竞争力。期货市场的最本质功能是风险管理，即

为控排主体提供了一个管理风险的市场，而这个功能仅仅通过现货市场是难以实现的。控排主体通过适度参与碳期货市场交易，可以管理碳配额的价格风险。此外，在价格风险得以有效管理的情况下，碳市场也更有可能吸引更多资金参与减排行为，从而进一步推动碳市场发展。同时，在碳期货交易过程中可以更有效地反映出全市场在不同时期的供求情况，更好地发现价格。

（二）开展强制减排型碳期货交易的基础框架已经确定

中国政府不断强化的减排承诺确定了我国减排的总量控制。开展总量控制下的强制减排型配额交易已经成为各碳交易试点和全国统一碳市场的既定模式。未来开展的碳期货交易也将基于强制减排的碳配额。

（三）制度法规和基础设施建设稳步推进

全国碳排放权交易管理办法现已发布。2014年12月，国家发改委发布《碳排放权交易管理暂行办法》，搭建起来全国统一的碳排放权配额交易市场的基础框架，就其发展方向、思路、组织架构以及相关基础要素设计进行了系统性的规范。2019年4月，生态环境部发布《碳排放权交易管理暂行条例（征求意见稿）》。未来该文件的正式稿落地后，将为全国碳市场建设奠定法律制度基础。2024年1月，《碳排放权交易管理暂行条例》以中华人民共和国国务院令（第775号）的形式颁布，自 2024 年 5 月 1 日起施行。该文件的正式稿落地，为全国碳市场建设奠定法律制度基础。

全国统一碳排放权市场已经启动。为做好全国统一碳市场建设的系统准备，已建设的国家碳交易登记薄采用了国家管理账户、省级管理账户、一般账户的三级账户管理制度，国家碳交易登记薄同时具备登记薄和交易日志的功能，实现了碳配额的操作管理和记录。2021 年 7 月，全国统一碳排放权交易市场已经正式上线启动。

碳排放核算方法与报告标准不断陆续推出。在监测、报告方面，2013 年 10 月，发改委印发了《首批 10 个行业企业温室气体排放核算方法与报告指南（试行）》，对钢铁、化工、电解铝、发电、电网、镁冶炼、平板玻璃、水泥、陶瓷、民航这 10 个行业企业温室气体排放核算方法、报告的内容和格式做了具体规定。2014 年国家发改委下发《关于组织开展重点企（事）业单位温室气体排放报告工作的通知》，要求各地发改委组织开展重点单位温室气体排放报告工作，尽快建立起全国范围内的温室气体排放"数据库"。在核查制度方面，在国家层面，发改委对自愿减排机制下的第三方核查认证机构有详细规定，在总量控制体系下对第三方核查认证机构的准入标准、资质认定等制度正在推进中。

（四）现行期货交易监管制度健全

中国已经有三家商品期货交易所（上海期货交易所、郑州商品交易所、大连商品交易所）和一家金融期货交易所

(中国金融期货交易所)。这四个期货交易所在交易平台搭建、管理模式建设、期货合约制定等制度建设方面的先行经验可为碳期货市场的建立提供借鉴。在期货市场监管方面，中国已经建立了中国证监会、地方证监局、期货交易所、中国期货保证金监控中心和中国期货业协会"五位一体"的期货监管协调工作机制，形成了分工明确、协调有序、运转顺畅、反应快速、监管有效的工作网络，可以为碳期货市场的运营提供有效保障。2008年全球金融危机中，期货市场的监管体系守住了不发生系统性风险的底线。实践证明，中国现行的期货监管体系在保障期货市场平稳运行方面有制度优势，能够用于碳期货市场监管。下一步构建碳期货市场监管的重点是研究建立跨市场的协同监管机制。

（五）金融机构参与积极性高

中国金融市场参与者对碳市场展现出了较大的投资兴趣。从中国目前的试点碳市场现货交易情况看，金融机构参与现货交易活跃度较高。北京碳市场2019年度交易数据显示，投资者（含机构和个人）交易量占交易总量的近95%，其中投资者与投资者间交易量47.48%，交易积极性远高于控排企业。这些活跃于碳现货市场的机构和个人都是潜在的碳期货交易方。

（六）潜在的碳排放权配额规模巨大

中国的全国碳市场已经建设，随着全国碳市场的正式交易启动，全国范围适用的国家碳排放配额也已推出。从全国碳市场计划纳入的控排企业历史排放数据看，全国碳市场的体量巨大，已成为目前全球最大规模的碳市场。如此大规模的国家碳排放配额作为碳期货交易标的和产品，会丰富市场交易品种，大大提高市场活跃度。

四、碳期货发展存在的主要问题

作为起步阶段的新市场，和发达国家成熟的碳市场相比，中国碳市场还有很多需要进一步优化完善的地方。同时，目前全国碳市场中的交易标的仍以碳配额和 CCER 现货为主，交易品种构成相对单一，市场的金融属性以及金融机构对市场的参与度较欧盟碳市场均有不足。

（一）市场有效性不足，全国碳市场仍需不断培育

一是市场广度不够。我国碳市场覆盖行业单一，市场参与主体明显不足。相比欧盟上万家的控排企业，我国控排企业目前只聚焦发电行业 2 000 多家控排企业，交易主体多元化程度较低、行业来源单一和企业性质类似使它们的交易目的和特征趋同，对市场整体的流动性与活跃度造成影响，并可能增加市场短期波动。

二是市场深度不足。受政策框架不完善、基础设施不健全、金融化程度低等因素影响，目前碳市场的交易仍然都以履

约交易为主，常常出现履约期临近时期量价齐涨、履约期过后交投清淡的市场潮汐现象。2023年10月，全国碳市场交易大幅放量，成交了去年总成交量近44%的配额。如何在非履约期激活市场，使交易活动在全年分布更均衡仍是碳市场建设的难点之一。其中，缺乏碳期货等衍生品的交易，导致市场主体缺乏在履约期临近时期之外的其他时间交易的动力是一个需要解决的主要问题。

（二）风险管理工具缺乏，推动碳金融业务存在风险

由于碳金融衍生品市场的缺失，目前国内碳市场几乎没有可用的风险管理工具。无论是控排企业还是碳资产管理公司等其他参与交易的主体都只能被动接受市场价格变动带来的风险，这种局面会导致碳市场整体存在不确定性，而这种不确定性不能仅仅依靠政府人为干预市场的应急措施解决，更重要的是通过市场自发管理风险的工具尽量避免或减少触发事后干预措施。

部分碳排放权试点时期过早过快金融化存在一定的风险隐患。部分试点地区偏离现货交易的基本定位，在风控制度不健全、技术系统不配套、人员不具备专业资质的条件下，忽视实现减排目标为碳市场存在的根本目的，推动专业性强、风险性大的碳债券、碳金融、碳期货等业务，允许不承担减排义务的个人进入，发展金融投资机构参与交易，片面追求市场流动性，存在一定的风险隐患。

(三) 基础设施和能力建设还需夯实

开展碳期货交易需要全国统一的注册登记系统提供技术支撑，当前制定的行业企业温室气体排放核算方法及报告指南还没有完全涵盖主要的排放行业。同时，已经制定出台的行业核算方法在地方碳交易试点中还没有完全推行，制定和推行统一的核算认证机构管理制度还需要时间。发展碳期货交易需参照全国统一碳市场建设进行推进。

第五章

推动中国碳期货发展的几点思考

一、碳排放权属性的界定

碳市场的设计,首先需要解决碳排放权属性界定的问题。这关系到碳排放权监管权的划分、企业会计财务处理等诸多现实问题。

(一) 美国将碳排放权视为商品

美国将碳排放权视为商品,主要体现在《美国商品交易法》(1974年修正案)中。该法中"商品"是指小麦、棉花、谷物、玉米、大麦、高粱、油脂、活牲畜等产品、冻橘汁和其他所有物品、对象(洋葱和电影票房收入除外),以及现有及将来可能出现的未来交割合约中规定的所有服务、权利和利益。《美国商品交易法》修正案扩大了"商品"的定义,包括除传统有形商品以外的所有服务、权利和利益。

碳排放权是向空气中排放二氧化碳等温室气体的权利,它被纳入《美国商品交易法》界定的"所有服务、权利和利益"的范畴之中。另外,二氧化碳等温室气体是能源消费过程中产生的副产品,因此,在美国市场碳排放权衍生品被归为能源衍生品,由美国商品期货交易委员会监管;碳排放权的交易等也通常由美国各投资银行多设的商品部门来执行。但美国学界一直有将碳排放权视为金融产品的呼声。

(二)欧盟将碳排放权视为金融产品

欧盟内部各个国家对碳排放权的归类起初存在差异。部分国家将其归为金融工具,部分将其归为商品。2011年底,欧盟新制定的《反市场操作制定》《透明度指令》《金融工具市场指令》提案均明确规定,将欧盟碳排放权交易体系下的排放权权现货交易纳入金融工具监管体系。这意味着欧盟碳排放权交易现货将与碳排放权期货、期权等衍生品交易一样被归类为金融工具,进行统一监管。欧盟将碳排放权划归为金融工具,并非试图从法律属性、会计准则层面解决争议,而是从监管和碳金融战略角度来权衡:

第一,将碳排放权划归金融工具统一监管有利于解决监管体系混乱问题。由于欧盟各国对碳排放权属性界定存在差异,并且缺乏统一的碳配额注册登记体系,2009年至2010年间欧盟碳市场发生过增值税欺诈、碳配额循环利用及网络钓鱼三起事故,暴露了欧盟碳交易体系缺乏统一监管的弊端。因此,2011年,欧盟通过出台新令将碳排放权归为金融工具进行统一监管。

第二,将碳排放权划归金融工具统一监管有利于监管效率。对于监管体系,欧盟实际上有三种选择:能源商品监管体系、金融工具监管体系或单独制定一套监管体系。在操作层面上,能源商品或金融工具监管体系对碳排放权现货来说都是可行的,只要将部分规则特别定制或豁免即可。由于碳排放权现货交易仅占欧盟碳市场10%左右的份额,因此将碳现货归为金融工具,与碳排放权衍生品置于同一体系下进行监管显然是最有效率的选择。

第三,将碳排放权划归金融工具体现欧盟碳市场金融化的战略意图。从欧盟2011年的做法和欧盟一些学者提出碳中央银行的思路看,欧盟有将碳市场金融化的意图。将碳排放权纳入金融监管体系可以看作是其金融化的第一步。

(三)关于中国碳排放权属性界定的思考

如第二章所述,碳排放权具有金融属性。从国际碳市场看,其现货市场机制极易演化成期货交易。如国际上的 CER 和 EUA 场内现货交易均采用了与其期货相同的期货交易规则。现货电子交易品种规则设计的标准化程度与期货市场合约类似。根据中国现有相关规定,"除依法设立的这个证券交易所或国务院批准的从事金融产品交易的交易场所外,任何交易场所不得将任何权益拆分为均等份额公开发行、不得采取集中竞价、做市商等集中交易方式进行交易;不得将权益按照标准化交易单位持续挂牌交易","除依法经国务院或国务院期货监管机构批准设立从事期货交易的交易场所外,任何单位一律不得以集中竞价、电子撮合、匿名交易、做市商等集中交易方式进行标准化合约交易",中国此类 CER、EUA 现货交易会被定为非法期货。如果碳交易平台上市这类合约,将成为大宗商品中远期市场清理整顿的对象。

从欧盟和美国的经验看,中国现将碳排放权现货交易纳入的是商品监管体系,则现货、衍生品对应的监管部门应发挥各自优势,建立起切实有效的、跨市场的联合监管机制。

二、碳期货市场建立在全国统一碳市场的基础上

(一) 稳定的碳现货是发展碳期货市场的前提

无论是欧盟碳市场还是美国碳市场,在总量设定、初始分配、MRV(监测、报告与核查)体系等方面支持下,稳定可靠的碳现货市场发挥了基础价格发现和资源流转功能,成为衍生品市场进一步深化价格发现、套期保值和规避风险的前提。相反,欧盟 EU ETS 市场建立前期曾出现的价格暴跌也严重影响了一段时间内市场对参与碳市场,包括参与碳衍生品市场的信心,抑制了衍生品市场价格发现、套期保值和规避风险功能的发挥。

(二) 在分裂的区域市场尝试碳期货交易不具可行性

之前我国各区域交易平台开展碳期货交易的意愿较为强

烈，但区域分裂的特点并不具备开展碳期货交易的条件。中国碳期货市场要建立在全国统一的碳现货市场基础上。主要考虑：

第一，碳配额的同质性使其价格区域性特征不明显，在区域基础上推出碳期货容易造成价格紊乱。作为一种记载排放权利的凭证，在相同法律框架、减排体系内的碳配额具有同质性。碳配额的同质性使其价格区域性特征不明显，没有必要建立多个碳交易市场。目前由于各区域制定的基准价不同、核证核查方法不同，我国的碳配额在七个区域人为地形成七个不同的价格，若在此基础上推出碳期货，容易造成全国碳市场价格紊乱。

第二，在区域碳交易基础上推出碳期货，难以实现我国促进全社会减排的碳市场建设目的。我国建设碳市场的根本目的在于推动运用市场机制以较低成本实现我国减排目标。若在区域碳交易引入期货机制，则只能在区域市场内实现价格风险，难以服务于全国范围的减排行为，不但使目前区域价差明显和市场分割问题进一步固化，增加区域向全国统一碳市场过渡的成本，而且有可能激发区域地区控排企业向非区域地区转移的"碳泄漏"问题。

第三，在区碳交易基础上推出碳期货，容易造成风险扩散和放大。目前区域碳交易存在市场功能欠缺、公信力不足和强制约束力有待提高等问题，且由于期货市场投资群体具有全国化特征，期货交易机制具有明显的放大效应，若在区域基础上推出碳期货，容易造成区域的风险全国扩散和放大。

第四，在区域碳交易基础上推出碳期货，将削弱我国碳市场的整体定价能力。随着碳关税等措施的实行及碳交易的国际化，碳市场将成为各国重要的战略资源，其定价权也将变得越来越重要。若建立多个碳配额交易市场，并在区域市场基础上建设碳期货市场，会出现各自为政、分散市场资源的问题，削弱我国碳市场的整体定价能力。

（三）推动全国统一碳市场优化完善

1. 完成碳市场建设的立法程序，使市场建设有法可依

立法工作快速落地是碳期货市场规范发展的基础，欧美碳期货的发展，都有相关立法保障。欧盟从2003年起颁布了一系列碳市场相关指令、条例和决议等。碳期货作为金融衍生品，需要受到碳市场法规的管理外，还需要受相关金融市场法规的管理，包括《金融工具市场指令》《市场滥用指令》《反洗钱指令》《透明度指令》，以及资本金要求指令和投资者补偿计划指令等。美国联邦最高法院关于"马萨诸塞州诉美国环境保护署"的判例是最早的碳排放立法授权，随后《美国清洁能源与安全法案》《美国商品交易法案》则明确提出将碳期货作为大宗商品纳入美国商品期货交易委员会统一监管。中国统一的碳市场现已建立，《碳排放权交易管理暂行条例》现已正式发布。未来，碳期货交易市场建立后，作为期货市交易市场的一部分，应该在现行的政策法规框架下被纳入监管，即根据《期货市场管理条例》的规定进行管理，未来在《期货法》出台后纳入立法管理。立法后，碳期货产品权属也将更加明确。

2. 规范交易平台和结算平台发展

交易平台方面,欧盟、美国主流碳衍生品交易平台主要包括 ICE、EEX 等。以上交易平台均有丰富的衍生品交易经验,多样的交易品种,并且受到政府的严格监管。结算方面,欧美的碳衍生品结算平台普遍是由交易平台指定其单独设立的结算平台完成,如 ICE 设立的 ICE Global Clearing House Network、EEX 设立的 European Commodity Clearing (ECC)。这些结算平台在会员资质、仓位监控、抵押物管理、信息披露等方面均建立了细致的制度,并通过有效的公司治理确保制度的落实。未来,参照欧美成熟经验,全国碳期货等衍生品市场的交易、结算基础设施可以配合、支持监管部门重点从丰富交易品种和交易指令、扩大做市商制度试点范围、优化担保品管理等角度增强交易、结算的效率。同时,基础设施也应完善公司治理,审慎制定交易、结算规则,协助监管部门做好风险控制。

3. 制定稳定积极的交易政策和灵活的价格调控机制

企业对碳配额有效性的信心是基于政策相对稳定长久的预期,必须确保配额发放机制、CCER 等相关政策的明确和稳定。纳入发电之外的更多行业,鼓励具有一定规模的交易,适当引入多元化的市场参与主体,合理的市场规模以及充分的流动性是碳市场能够有效发挥定价功能的基础。为了防止价格大幅波动,建立碳市场的价格稳定调控机制。

4. 加强 MRV(监测、报告与核查)体系建设

需要完善 MRV 体系相关配套制度,建立科学、统一、执

行性强的方法学,包括配额的核算方法和分配方法、数据监测方法和工具、企业碳核查方法等,从电力行业开始,尽快扩展到其他行业。

5. 加强利益相关方的碳金融能力建设

利益相关方主要包括政府、企业和金融机构。碳市场是人为规定而非自发生成的市场,受政策影响较大,因而政府作为政策制定者,配备一定的碳金融知识储备,才能在制定政策时掌握好"度",既保证碳市场的稳定运行,避免出现过多投机现象,又能增加市场的活跃度。企业和金融机构作为碳市场的主要参与者,只有提高其碳金融能力,才能有力催生碳金融衍生品的发展和促进流转,从而刺激整个市场健康良性活跃的发展。相比市场需求来说,碳金融方面的专业人才缺口很大。需要设计全面的碳金融课程,引进权威的师资力量,对政府、企业、金融机构等利益相关方进行定期培训,使他们熟悉业务的流程和规则,培养在职人员的理论知识水平和技术水平。另外,还要加强宣传和科普,改变传统观念,增强社会整体对节能减排和碳金融的认识。

三、跨市场监管机制是碳期货市场监管的重点

(一) 明确主管部门及市场监管部门的职责分工

以法律法规形式明确各主体间的监管协调及职能分工碳交易市场监管将受到前端运行及核查履约等方面行政管理的影

响。根据国际经验，主管部门和市场监管部门专业领域不同，在碳市场中的职能各有侧重。在碳市场监管体系的建设中，若职责划分不明，可能导致市场监管出现矛盾或漏洞。欧盟碳市场的监管主要包含欧盟和成员国两个层面。其中，欧盟层面主要包括欧盟委员会气候行动总司、欧盟独立交易系统和市场活动监管；成员国层面的监管机构通常为各国的环保和金融管制机构。美国因缺少联邦层面的统一碳市场，其现货监管体系主要集中在区域层面，由各州单独建立监管体系；衍生品市场则主要由联邦美国商品期货交易委员会统一监管。

为碳市场监管的有效运行，需要对行政管理和市场监管进行清晰界定。根据目前碳市场的职责分工，碳排放权管理、基础设施建设及运行由主管部门负责；交易市场监管由制定监管部门及交易平台执行。此外，碳市场法律法规是我国碳期货市场的监管依据，为此需要以法律法规的形式明确各主体间的监管协调及职能分工。

中国碳期货交易市场建立后，作为期货交易市场的一部分，应根据现行政策规定受期货监管部门集中统一监督管理。同时，参照中国传统期货市场的监管体系，碳期货市场监管应该形成政府监管、交易所管理和行业自律结合的统一管理体制。最终实现在宏观监管及市场自律管理的环境下，实现有序高效的市场化交易。

（二）在主管部门及市场监管部门层面建立跨部委协调工作机制

为防范行政调节与市场机制衔接问题所带来的潜在风险，

主管部门和监管部门应在清晰界定职责分工的基础上，建立碳市场政策方面的监管协调机制，对排放权分配和管理措施及各主体市场准入等政策进行交流，协调行政管理与市场监管，同时在法律法规中保证监管标准的一致性，防止监管套利的发生。

碳市场行政主管部门所掌握的碳市场信息远高于其他市场参与者，其信息披露程度将影响碳期货市场的监管能力。主管部门和监管部门需要建立市场信息共享机制，并在此基础上建立多方定期例会机制。以对碳市场形势进行分析，确定未来监管任务及重心，保证政策的连贯性，并及时根据市场情况不断完善。此外，主管部门及监管部门之间交流协调的工作机制需以文件形式落实，为期货、现货之间的跨市场监管提供依据。

（三）在交易平台层面建立跨市场监管合作机制

随着跨市场交易行为的发展，市场间价格联系与交互影响不断强化。碳期货市场价格建立在碳排放权和减排冲抵量的基础上，碳市场风险在期货市场的乘数效应作用下，可能使价格波动进一步增加，出现风险在市场间交互作用而放大的态势，甚至引发系统性风险。为及时应对市场异动，须在交易平台层面构建一线监管的信息交流机制和监管协作机制。可由碳市场主管部门和监管部门协商制定跨市场监管制定及操作规程，交易平台和保证金监控中心间签署跨市场监管协作协议，构建信息交换、违法风险预警、共同风险控制和联合调查机制，动态监控投资者的跨市场头寸配置状况，约束可能诱发系统风险的跨市场交易行为。

四、提前研判碳期货市场重要监管问题

（一）建立信息披露制度，防范内幕交易

碳市场主管部门可把握大量政策信息，注册登记系统、交易平台等具有监管职能的机构及核查认证等中介机构同样可获得未公开的重要信息。碳市场内幕信息及其知情人涵盖的范围较广，可能存在内幕信息知情人在期货市场交易的情况，需要监管部门进行明确判断和认定，并设置相应跨市场监管指标及措施。借鉴欧盟在规范内幕信息的经验，中国碳市场防范内幕交易的监管机制设计一方面需要明确覆盖范围及认定标准，另一方面需相应建立信息披露制度及跨市场交流协作机制。

（二）建立报告制度及限仓制度，防范市场操纵

中国市场初期存在交投清淡、价格波动较大的情况，市场参与者成熟度较低，少量资金便可对市场价格造成较大影响。同时，碳排放权可供交易主要由政府发放情况及企业履约情况决定，是碳市场操纵行为监管机制设计的要点。

欧盟及美国不断具体化操纵行为的标准及相应监控范围。美国主要根据可供交割量建立不同层次现仓制度和信息报告制度。我国期货市场也已建立相应数据库及监控系统，对交易活

动进行实时监控和统计分析。中国碳市场防范市场操纵的监管机制设计，一方面需要就影响排放权总量的碳市场政策与主管部门及时沟通；另一方面需与注册登记系统相协调，考虑在期货和现货市场间建立关联账户制度、大户持仓报告制度及限仓制度。

五、构建符合市场供需的碳期货定价机制

（一）建立合理的碳减排目标和配额分配体系

在市场初期，讨论碳期货定价，有必要参考欧美碳期货市场发展初期的市场状态，以确保形成碳期货价格的市场有效性。以 EU ETS 市场为例，相关实证分析发现，EU ETS 市场第一阶段和第二阶段内的碳期货价格、收益率和收益波动均未形成向长期均衡收敛的状态，市场数据偏离情况频繁出现，发散性较强，市场效率较低。同时，国际碳期货市场的上涨风险和下跌风险同样不服从均值回归过程，市场风险变化明显，套期保值者和投机者在这种市场环境下交易，面临较大的不确定性，极大程度影响了碳期货作为套期保值工具的有效性以及其基于无套利定价机制的合理性。

分析 EU ETS 市场初期较为低效的原因，其本质在于政府的宏观调控不足，导致在市场因素影响下价格产生过度反应。碳市场交易量偏少，市场机制影响有限，短期均衡价格偏离长期均衡价格，严重影响碳期货市场的有效性。对此，中国政府

应当积极吸取外部经验，通过政府的规划和运作，建立合理的碳减排目标和配额分配体系，确定健全的碳市场交易框架，推动市场良性发展。注意相关政策的连贯性和一致性，以避免在碳期货市场建立初期突发事件对市场价格产生重大冲击，同时阻止在无效的市场环境下，此类突发事件对市场价格的进一步扭曲。

（二）长期看，无套利的碳期货定价模型可能是价格形成的关键理论指引

从长期看，伴随着中国碳期货市场的建立和发展，价格形成机制将逐步完善。在短期的市场发展中，政策规定、能源价格、天气变化、股票波动等因素始终是碳期货价格波动的重要影响因素，将不可避免地造成价格对均值的偏离。也正是这些不确定因素的存在，给碳市场交易者提供了短期的套利机会，碳市场的非有效状态将持续存在。但从长期看，在市场机制健全和交易量不断提高的背景下，碳期货市场有望向着弱有效市场不断转变，价格逐步回归于理论定价机制下的均衡价格。中国期望建设稳定、有效且广泛交易的碳期货市场，在这样的碳市场中，无套利的碳期货定价模型将是价格形成的关键理论指引。监管部门当前的首要任务是完善碳期货市场交易体系，加强相关风险控制机制的建立，有效提高碳期货交易市场的流动性，以保证未来形成充分反映市场供需的价格形成机制，逐步满足投资者在中国碳市场的投资需要。

六、建立碳期货市场投资者适当性制度

碳市场在中国仍是新兴市场,需要培养投资者对市场的风险认知及投资理念。期货交易采用保证金制度,具有杠杆作用,市场风险较高。碳期货专业性强、风险大,客观上要求参与者具备较高的专业水平、较强的经济实力和风险承受能力。

根据国际经验,碳市场的参与者主要包括控排企业、产业投资者、机构投资者和个人投资者等,参与碳期货市场的需求、实力和风险认知有一定差异。欧盟按照专业性程度不同将投资者分为零售客户和专业客户,中介机构向投资者提供服务之前须对投资者进行适当性评估,包括客户的投资目标、财务状况、知识和经验等方面,以判断推荐的投资服务是否适合相应投资者。

中国碳期货市场在强化投资者风险教育的同时,需建立投资者适当性管理制度,使市场参与者的风险认知和风险承受能力与碳创新产品相适应,保护投资者合法权益,推动碳市场的健康发展。我国碳期货市场的投资者适当性管理机制设计,一方面需要参考碳市场发展情况,依据专业性及交易目的对投资者进行细分;另一方面,需明确各投资者的适当性标准及实施方式,并随着市场发展及时完善。其中,应重点关注控排企业的排放总量、资金实力、内控水平和财务指标,产业投资者和机构投资者的资产规模、人才配备和风控体系,以及个人投资者的专业知识,投资经验和风险承受能力。

七、碳期货市场的基础条件及发展路线图

（一）推出碳期货市场的基础条件

碳期货市场应建立在全国统一碳市场的基础上，全国统一碳市场形成的关键在一级市场的总量限制和分配、二级市场的流通。碳市场不同于普通的大宗商品市场，其供给是政府创投的，因此设定全国碳排放总量和地区间的分配方式是统一碳市场形成的基础。总量限制一方面是完成节能减排目标的重要手段，另一方面也通过创造碳配额的稀缺性来促进交易、形成价格；地区间合理的分配方式能保证市场的公平。合理的总量限制和分配建立在全国摸底的基础上，这与前面提到的MRV制度密不可分。

2021年1月，经国务院同意、由中国证监会批准，广州期货交易所正式成立，其助力立足服务实体经济、服务绿色发展，秉持创新型、市场化、国际化的发展定位，积极稳妥推进业务筹建和包括碳排放权在内的产品上市等工作。广州期货交易所的建立，为建立碳期货市场提供了夯实的基础设施建设。

（二）碳期货市场发展的预期路线图

2024—2026年，碳期货市场研究筹备阶段。该阶段，随着全国碳配额市场（发电行业）、CCER上线交易，碳排放权

交易管理条例、CCER全国性管理及交易办法施行，碳配额期货研究推进，基于全国碳市场的碳期货交易所及登记结算系统积极筹备。

2026—2028年，碳期货市场有序建设阶段。在此期间，全国碳市场覆盖行业从一个扩大至多个（包括钢铁、水泥、化工、电解铝、造纸等），纳入控排主体门槛降低。碳配额期货交易所落地并接入登记结算系统，发电行业参与碳配额期货交易，钢铁、水泥等其他行业随纳入全国碳市场一并参与碳期货交易，研究CCER期货并适时推出。有序扩大碳期货市场参与主体范围至履约企业、境内投资机构、境内合格自然人、境外合格机构等。

2028—2030年，碳期货市场成熟发展阶段。在此阶段，全国碳配额市场、CCER市场及以上两者的期货市场基本成熟，配额市场与CCER市场、现货与期货市场彼此间形成一个有机整体，共同助力习主席在联合国大会上承诺的2030年碳排放达峰目标的实现。

附 件

附件1

碳排放权交易管理暂行条例

中华人民共和国国务院令第775号　2024年1月25日

第一条　为了规范碳排放权交易及相关活动，加强对温室气体排放的控制，积极稳妥推进碳达峰碳中和，促进经济社会绿色低碳发展，推进生态文明建设，制定本条例。

第二条　本条例适用于全国碳排放权交易市场的碳排放权交易及相关活动。

第三条　碳排放权交易及相关活动的管理，应当坚持中国共产党的领导，贯彻党和国家路线方针政策和决策部署，坚持温室气体排放控制与经济社会发展相适应，坚持政府引导与市场调节相结合，遵循公开、公平、公正的原则。

国家加强碳排放权交易领域的国际合作与交流。

第四条　国务院生态环境主管部门负责碳排放权交易及相关活动的监督管理工作。国务院有关部门按照职责分工，负责碳排放权交易及相关活动的有关监督管理工作。

地方人民政府生态环境主管部门负责本行政区域内碳排放权交易及相关活动的监督管理工作。地方人民政府有关部门按照职责分工，负责本行政区域内碳排放权交易及相关活动的有关监督管理工作。

第五条　全国碳排放权注册登记机构按照国家有关规定，负责碳排放权交易产品登记，提供交易结算等服务。全国碳排放权交易机构按照国家有关规定，负责组织开展碳排放权集中统一交易。登记和交易的收费应当合理，收费项目、收费标准和管理办法应当向社会公开。

全国碳排放权注册登记机构和全国碳排放权交易机构应当按照国家有关规定，完善相关业务规则，建立风险防控和信息披露制度。

国务院生态环境主管部门会同国务院市场监督管理部门、中国人民银行和国务院银行业监督管理机构，对全国碳排放权注册登记机构和全国碳排放权交易机构进行监督管理，并加强信息共享和执法协作配合。

碳排放权交易应当逐步纳入统一的公共资源交易平台体系。

第六条 碳排放权交易覆盖的温室气体种类和行业范围，由国务院生态环境主管部门会同国务院发展改革等有关部门根据国家温室气体排放控制目标研究提出，报国务院批准后实施。

碳排放权交易产品包括碳排放配额和经国务院批准的其他现货交易产品。

第七条 纳入全国碳排放权交易市场的温室气体重点排放单位（以下简称重点排放单位）以及符合国家有关规定的其他主体，可以参与碳排放权交易。

生态环境主管部门、其他对碳排放权交易及相关活动负有监督管理职责的部门（以下简称其他负有监督管理职责的部门）、全国碳排放权注册登记机构、全国碳排放权交易机构以及本条例规定的技术服务机构的工作人员，不得参与碳排放权交易。

第八条 国务院生态环境主管部门会同国务院有关部门，根据国家温室气体排放控制目标，制定重点排放单位的确定条件。省、自治区、直辖市人民政府（以下统称省级人民政府）生态环境主管部门会同同级有关部门，按照重点排放单位的确定条件制定本行政区域年度重点排放单位名录。

重点排放单位的确定条件和年度重点排放单位名录应当向社会公布。

第九条 国务院生态环境主管部门会同国务院有关部门，根据国家温室气体排放控制目标，综合考虑经济社会发展、产业结构调整、行业发展阶段、历史排放情况、市场调节需要等因素，制定年度碳排放配额总量和分配方案，并组织实施。碳排放配额实行免费分配，并根据国家有关要求逐步推行免费和有偿相结合的分配方式。

省级人民政府生态环境主管部门会同同级有关部门，根据年度碳排放配额总量和分配方案，向本行政区域内的重点排放单位发放碳排放配额，不得违反年度碳排放配额总量和分配方案发放或者调剂碳排放配额。

第十条 依照本条例第六条、第八条、第九条的规定研究提出碳排放权交易覆盖的温室气体种类和行业范围、制定重点排放单位的确定条件以及年度碳排放配额总量和分配方案，应当征求省级人民政府、有关行业协会、企业事业单位、专家和公众等方面的意见。

第十一条 重点排放单位应当采取有效措施控制温室气体排放，按照国家有关规定和国务院生态环境主管部门制定的技术规范，制定并严格执行温室气体排放数据质量控制方案，使用依法经计量检定合格或者校准的计量器具开展温室气体排放相关检验检测，如实准确统计核算本单位温室气体排放量，编制上一年度温室气体排放报告（以下简称年度排放报告），并按照规定将排放统计核算数据、年度排放报告报送其生产经营场所所在地省级人民政府生态环境主管部门。

重点排放单位应当对其排放统计核算数据、年度排放报告的真实性、完整性、准确性负责。

重点排放单位应当按照国家有关规定，向社会公开其年度排放报告中的排放量、排放设施、统计核算方法等信息。年度排放报告所涉数据的原始记录和管理台账应当至少保存5年。

重点排放单位可以委托依法设立的技术服务机构开展温室气体排放相关检验检测、编制年度排放报告。

第十二条　省级人民政府生态环境主管部门应当对重点排放单位报送的年度排放报告进行核查，确认其温室气体实际排放量。核查工作应当在规定的时限内完成，并自核查完成之日起7个工作日内向重点排放单位反馈核查结果。核查结果应当向社会公开。

省级人民政府生态环境主管部门可以通过政府购买服务等方式，委托依法设立的技术服务机构对年度排放报告进行技术审核。重点排放单位应当配合技术服务机构开展技术审核工作，如实提供有关数据和资料。

第十三条　接受委托开展温室气体排放相关检验检测的技术服务机构，应当遵守国家有关技术规程和技术规范要求，对其出具的检验检测报告承担相应责任，不得出具不实或者虚假的检验检测报告。重点排放单位应当按照国家有关规定制作和送检样品，对样品的代表性、真实性负责。

接受委托编制年度排放报告、对年度排放报告进行技术审核的技术服务机构，应当按照国家有关规定，具备相应的设施设备、技术能力和技术人员，建立业务质量管理制度，独立、客观、公正开展相关业务，对其出具的年度排放报告和技术审核意见承担相应责任，不得篡改、伪造数据资料，不得使用虚假的数据资料或者实施其他弄虚作假行为。年度排放报告编制和技术审核的具体管理办法由国务院生态环境主管部门会同国务院有关部门制定。

技术服务机构在同一省、自治区、直辖市范围内不得同时从事年度排放报告编制业务和技术审核业务。

第十四条　重点排放单位应当根据省级人民政府生态环境主管部门对年度排放报告的核查结果，按照国务院生态环境主管部门规定的时限，足额清缴其碳排放配额。

重点排放单位可以通过全国碳排放权交易市场购买或者出售碳排放配额，其购买的碳排放配额可以用于清缴。

重点排放单位可以按照国家有关规定，购买经核证的温室气体减排量用于清缴其碳排放配额。

第十五条 碳排放权交易可以采取协议转让、单向竞价或者符合国家有关规定的其他现货交易方式。

禁止任何单位和个人通过欺诈、恶意串通、散布虚假信息等方式操纵全国碳排放权交易市场或者扰乱全国碳排放权交易市场秩序。

第十六条 国务院生态环境主管部门建立全国碳排放权交易市场管理平台，加强对碳排放配额分配、清缴以及重点排放单位温室气体排放情况等的全过程监督管理，并与国务院有关部门实现信息共享。

第十七条 生态环境主管部门和其他负有监督管理职责的部门，可以在各自职责范围内对重点排放单位等交易主体、技术服务机构进行现场检查。

生态环境主管部门和其他负有监督管理职责的部门进行现场检查，可以采取查阅、复制相关资料，查询、检查相关信息系统等措施，并可以要求有关单位和个人就相关事项作出说明。被检查者应当如实反映情况、提供资料，不得拒绝、阻碍。

进行现场检查，检查人员不得少于2人，并应当出示执法证件。检查人员对检查中知悉的国家秘密、商业秘密，依法负有保密义务。

第十八条 任何单位和个人对违反本条例规定的行为，有权向生态环境主管部门和其他负有监督管理职责的部门举报。接到举报的部门应当依法及时处理，按照国家有关规定向举报人反馈处理结果，并为举报人保密。

第十九条 生态环境主管部门或者其他负有监督管理职责的部门的工作人员在碳排放权交易及相关活动的监督管理工作中滥用职权、玩忽职守、徇私舞弊的，应当依法给予处分。

第二十条 生态环境主管部门、其他负有监督管理职责的部门、全国碳排放权注册登记机构、全国碳排放权交易机构以及本条例规定的技术服务机构的工作人员参与碳排放权交易的，由国务院生态环境主管部门责令依法处理持有的碳排放配额等交易产品，没收违法所得，可以并处所交易碳排放配额等产品的价款等值以下的罚款；属于国家工作人员的，还应当依法给予处分。

第二十一条　重点排放单位有下列情形之一的，由生态环境主管部门责令改正，处 5 万元以上 50 万元以下的罚款；拒不改正的，可以责令停产整治：

（一）未按照规定制定并执行温室气体排放数据质量控制方案；

（二）未按照规定报送排放统计核算数据、年度排放报告；

（三）未按照规定向社会公开年度排放报告中的排放量、排放设施、统计核算方法等信息；

（四）未按照规定保存年度排放报告所涉数据的原始记录和管理台账。

第二十二条　重点排放单位有下列情形之一的，由生态环境主管部门责令改正，没收违法所得，并处违法所得 5 倍以上 10 倍以下的罚款；没有违法所得或者违法所得不足 50 万元的，处 50 万元以上 200 万元以下的罚款；对其直接负责的主管人员和其他直接责任人员处 5 万元以上 20 万元以下的罚款；拒不改正的，按照 50% 以上 100% 以下的比例核减其下一年度碳排放配额，可以责令停产整治：

（一）未按照规定统计核算温室气体排放量；

（二）编制的年度排放报告存在重大缺陷或者遗漏，在年度排放报告编制过程中篡改、伪造数据资料，使用虚假的数据资料或者实施其他弄虚作假行为；

（三）未按照规定制作和送检样品。

第二十三条　技术服务机构出具不实或者虚假的检验检测报告的，由生态环境主管部门责令改正，没收违法所得，并处违法所得 5 倍以上 10 倍以下的罚款；没有违法所得或者违法所得不足 2 万元的，处 2 万元以上 10 万元以下的罚款；情节严重的，由负责资质认定的部门取消其检验检测资质。

技术服务机构出具的年度排放报告或者技术审核意见存在重大缺陷或者遗漏，在年度排放报告编制或者对年度排放报告进行技术审核过程中篡改、伪造数据资料，使用虚假的数据资料或者实施其他弄虚作假行为的，由生态环境主管部门责令改正，没收违法所得，并处违法所得 5 倍以上 10 倍以下的罚款；没有违法所得或者违法所得不足 20 万元的，处 20 万元以上 100 万元以下的罚款；情节严重的，禁止其从事年度排放报告编制和技术审核业务。

技术服务机构因本条第一款、第二款规定的违法行为受到处罚的，对其直接负责的主管人员和其他直接责任人员处 2 万元以上 20 万元以下的罚款，5 年内禁止从事温室气体排放相关检验检测、年度排放报告编制和技术审核业务；情节严重的，终身禁止从事前述业务。

第二十四条 重点排放单位未按照规定清缴其碳排放配额的，由生态环境主管部门责令改正，处未清缴的碳排放配额清缴时限前 1 个月市场交易平均成交价格 5 倍以上 10 倍以下的罚款；拒不改正的，按照未清缴的碳排放配额等量核减其下一年度碳排放配额，可以责令停产整治。

第二十五条 操纵全国碳排放权交易市场的，由国务院生态环境主管部门责令改正，没收违法所得，并处违法所得 1 倍以上 10 倍以下的罚款；没有违法所得或者违法所得不足 50 万元的，处 50 万元以上 500 万元以下的罚款。单位因前述违法行为受到处罚的，对其直接负责的主管人员和其他直接责任人员给予警告，并处 10 万元以上 100 万元以下的罚款。

扰乱全国碳排放权交易市场秩序的，由国务院生态环境主管部门责令改正，没收违法所得，并处违法所得 1 倍以上 10 倍以下的罚款；没有违法所得或者违法所得不足 10 万元的，处 10 万元以上 100 万元以下的罚款。单位因前述违法行为受到处罚的，对其直接负责的主管人员和其他直接责任人员给予警告，并处5万元以上50万元以下的罚款。

第二十六条　拒绝、阻碍生态环境主管部门或者其他负有监督管理职责的部门依法实施监督检查的，由生态环境主管部门或者其他负有监督管理职责的部门责令改正，处2万元以上20万元以下的罚款。

第二十七条　国务院生态环境主管部门会同国务院有关部门建立重点排放单位等交易主体、技术服务机构信用记录制度，将重点排放单位等交易主体、技术服务机构因违反本条例规定受到行政处罚等信息纳入国家有关信用信息系统，并依法向社会公布。

第二十八条　违反本条例规定，给他人造成损害的，依法承担民事责任；构成违反治安管理行为的，依法给予治安管理处罚；构成犯罪的，依法追究刑事责任。

第二十九条　对本条例施行前建立的地方碳排放权交易市场，应当参照本条例的规定健全完善有关管理制度，加强监督管理。

本条例施行后，不再新建地方碳排放权交易市场，重点排放单位不再参与相同温室气体种类和相同行业的地方碳排放权交易市场的碳排放权交易。

第三十条　本条例下列用语的含义：

（一）温室气体，是指大气中吸收和重新放出红外辐射的自然和人为的气态成分，包括二氧化碳、甲烷、氧化亚氮、氢氟碳化物、全氟化碳、六氟化硫和三氟化氮。

（二）碳排放配额，是指分配给重点排放单位规定时期内的二氧化碳等温室气体的排放额度。1个单位碳排放配额相当于向大气排放1吨的二氧化碳当量。

（三）清缴，是指重点排放单位在规定的时限内，向生态环境主管部门缴纳等同于其经核查确认的上一年度温室气体实际排放量的碳排放配额的行为。

第三十一条 重点排放单位消费非化石能源电力的,按照国家有关规定对其碳排放配额和温室气体排放量予以相应调整。

第三十二条 国务院生态环境主管部门会同国务院民用航空等主管部门可以依照本条例规定的原则,根据实际需要,结合民用航空等行业温室气体排放控制的特点,对民用航空等行业的重点排放单位名录制定、碳排放配额发放与清缴、温室气体排放数据统计核算和年度排放报告报送与核查等制定具体管理办法。

第三十三条 本条例自2024年5月1日起施行。

附件 2

碳排放权登记管理规则（试行）

第一章　总　　则

第一条　为规范全国碳排放权登记活动，保护全国碳排放权交易市场各参与方的合法权益，维护全国碳排放权交易市场秩序，根据《碳排放权交易管理办法（试行）》，制定本规则。

第二条　全国碳排放权持有、变更、清缴、注销的登记及相关业务的监督管理，适用本规则。全国碳排放权注册登记机构（以下简称注册登记机构）、全国碳排放权交易机构（以下简称交易机构）、登记主体及其他相关参与方应当遵守本规则。

第三条　注册登记机构通过全国碳排放权注册登记系统（以下简称注册登记系统）对全国碳排放权的持有、变更、清缴和注销等实施集中统一登记。注册登记系统记录的信息是判断碳排放配额归属的最终依据。

第四条　重点排放单位以及符合规定的机构和个人，是全国碳排放权登记主体。

第五条　全国碳排放权登记应当遵循公开、公平、公正、安全和高效的原则。

第二章　账户管理

第六条　注册登记机构依申请为登记主体在注册登记系统中开立登

记账户，该账户用于记录全国碳排放权的持有、变更、清缴和注销等信息。

第七条 每个登记主体只能开立一个登记账户。登记主体应当以本人或者本单位名义申请开立登记账户，不得冒用他人或者其他单位名义或者使用虚假证件开立登记账户。

第八条 登记主体申请开立登记账户时，应当根据注册登记机构有关规定提供申请材料，并确保相关申请材料真实、准确、完整、有效。委托他人或者其他单位代办的，还应当提供授权委托书等证明委托事项的必要材料。

第九条 登记主体申请开立登记账户的材料中应当包括登记主体基本信息、联系信息以及相关证明材料等。

第十条 注册登记机构在收到开户申请后，对登记主体提交相关材料进行形式审核，材料审核通过后5个工作日内完成账户开立并通知登记主体。

第十一条 登记主体下列信息发生变化时，应当及时向注册登记机构提交信息变更证明材料，办理登记账户信息变更手续：

（一）登记主体名称或者姓名；

（二）营业执照，有效身份证明文件类型、号码及有效期；

（三）法律法规、部门规章等规定的其他事项。

注册登记机构在完成信息变更材料审核后5个工作日内完成账户信息变更并通知登记主体。

联系电话、邮箱、通讯地址等联系信息发生变化的，登记主体应当及时通过注册登记系统在登记账户中予以更新。

第十二条 登记主体应当妥善保管登记账户的用户名和密码等信息。登记主体登记账户下发生的一切活动均视为其本人或者本单位行为。

第十三条 注册登记机构定期检查登记账户使用情况，发现营业执照、有效身份证明文件与实际情况不符，或者发生变化且未按要求及时办理登记账户信息变更手续的，注册登记机构应当对有关不合格账户采取限制使用等措施，其中涉及交易活动的应当及时通知交易机构。

对已采取限制使用等措施的不合格账户，登记主体申请恢复使用的，应当向注册登记机构申请办理账户规范手续。能够规范为合格账户的，注册登记机构应当解除限制使用措施。

第十四条 发生下列情形的，登记主体或者依法承继其权利义务的主体应当提交相关申请材料，申请注销登记账户：

（一）法人以及非法人组织登记主体因合并、分立、依法被解散或者破产等原因导致主体资格丧失；

（二）自然人登记主体死亡；

（三）法律法规、部门规章等规定的其他情况。

登记主体申请注销登记账户时，应当了结其相关业务。申请注销登记账户期间和登记账户注销后，登记主体无法使用该账户进行交易等相关操作。

第十五条 登记主体如对第十三条所述限制使用措施有异议，可以在措施生效后15个工作日内向注册登记机构申请复核；注册登记机构应当在收到复核申请后10个工作日内予以书面回复。

第三章 登　　记

第十六条 登记主体可以通过注册登记系统查询碳排放配额持有数量和持有状态等信息。

第十七条 注册登记机构根据生态环境部制定的碳排放配额分配方案和省级生态环境主管部门确定的配额分配结果，为登记主体办理初始分配登记。

第十八条 注册登记机构应当根据交易机构提供的成交结果办理交

易登记，根据经省级生态环境主管部门确认的碳排放配额清缴结果办理清缴登记。

第十九条 重点排放单位可以使用符合生态环境部规定的国家核证自愿减排量抵销配额清缴。用于清缴部分的国家核证自愿减排量应当在国家温室气体自愿减排交易注册登记系统注销，并由重点排放单位向注册登记机构提交有关注销证明材料。注册登记机构核验相关材料后，按照生态环境部相关规定办理抵销登记。

第二十条 登记主体出于减少温室气体排放等公益目的自愿注销其所持有的碳排放配额，注册登记机构应当为其办理变更登记，并出具相关证明。

第二十一条 碳排放配额以承继、强制执行等方式转让的，登记主体或者依法承继其权利义务的主体应当向注册登记机构提供有效的证明文件，注册登记机构审核后办理变更登记。

第二十二条 司法机关要求冻结登记主体碳排放配额的，注册登记机构应当予以配合；涉及司法扣划的，注册登记机构应当根据人民法院的生效裁判，对涉及登记主体被扣划部分的碳排放配额进行核验，配合办理变更登记并公告。

第四章　信息管理

第二十三条 司法机关和国家监察机关依照法定条件和程序向注册登记机构查询全国碳排放权登记相关数据和资料的，注册登记机构应当予以配合。

第二十四条 注册登记机构应当依照法律、行政法规及生态环境部相关规定建立信息管理制度，对涉及国家秘密、商业秘密的，按照相关法律法规执行。

第二十五条 注册登记机构应当与交易机构建立管理协调机制，实现注册登记系统与交易系统的互通互联，确保相关数据和信息及时、准确、安全、有效交换。

第二十六条　注册登记机构应当建设灾备系统，建立灾备管理机制和技术支撑体系，确保注册登记系统和交易系统数据、信息安全，实现信息共享与交换。

第五章　监督管理

第二十七条　生态环境部加强对注册登记机构和注册登记活动的监督管理，可以采取询问注册登记机构及其从业人员、查阅和复制与登记活动有关的信息资料，以及法律法规规定的其他措施等进行监管。

第二十八条　各级生态环境主管部门及其相关直属业务支撑机构工作人员，注册登记机构、交易机构、核查技术服务机构及其工作人员，不得持有碳排放配额。已持有碳排放配额的，应当依法予以转让。

任何人在成为前款所列人员时，其本人已持有或者委托他人代为持有的碳排放配额，应当依法转让并办理完成相关手续，向供职单位报告全部转让相关信息并备案在册。

第二十九条　注册登记机构应当妥善保存登记的原始凭证及有关文件和资料，保存期限不得少于 20 年，并进行凭证电子化管理。

第六章　附　　则

第三十条　注册登记机构可以根据本规则制定登记业务规则等实施细则。

第三十一条　本规则自公布之日起施行。

附件 3

碳排放权交易管理办法（试行）

中华人民共和国生态环境部令第 19 号

2020 年 12 月 31 日

第一章 总 则

第一条 为落实党中央、国务院关于建设全国碳排放权交易市场的决策部署，在应对气候变化和促进绿色低碳发展中充分发挥市场机制作用，推动温室气体减排，规范全国碳排放权交易及相关活动，根据国家有关温室气体排放控制的要求，制定本办法。

第二条 本办法适用于全国碳排放权交易及相关活动，包括碳排放配额分配和清缴，碳排放权登记、交易、结算，温室气体排放报告与核查等活动，以及对前述活动的监督管理。

第三条 全国碳排放权交易及相关活动应当坚持市场导向、循序渐进、公平公开和诚实守信的原则。

第四条 生态环境部按照国家有关规定建设全国碳排放权交易市场。

全国碳排放权交易市场覆盖的温室气体种类和行业范围，由生态环境部拟订，按程序报批后实施，并向社会公开。

第五条 生态环境部按照国家有关规定，组织建立全国碳排放权注册登记机构和全国碳排放权交易机构，组织建设全国碳排放权注册登记系统和全国碳排放权交易系统。

全国碳排放权注册登记机构通过全国碳排放权注册登记系统，记录碳排放配额的持有、变更、清缴、注销等信息，并提供结算服务。全国碳排放权注册登记系统记录的信息是判断碳排放配额归属的最终依据。

全国碳排放权交易机构负责组织开展全国碳排放权集中统一交易。

全国碳排放权注册登记机构和全国碳排放权交易机构应当定期向生态环境部报告全国碳排放权登记、交易、结算等活动和机构运行有关情况，以及应当报告的其他重大事项，并保证全国碳排放权注册登记系统和全国碳排放权交易系统安全稳定可靠运行。

第六条　生态环境部负责制定全国碳排放权交易及相关活动的技术规范，加强对地方碳排放配额分配、温室气体排放报告与核查的监督管理，并会同国务院其他有关部门对全国碳排放权交易及相关活动进行监督管理和指导。

省级生态环境主管部门负责在本行政区域内组织开展碳排放配额分配和清缴、温室气体排放报告的核查等相关活动，并进行监督管理。

设区的市级生态环境主管部门负责配合省级生态环境主管部门落实相关具体工作，并根据本办法有关规定实施监督管理。

第七条　全国碳排放权注册登记机构和全国碳排放权交易机构及其工作人员，应当遵守全国碳排放权交易及相关活动的技术规范，并遵守国家其他有关主管部门关于交易监管的规定。

第二章　温室气体重点排放单位

第八条　温室气体排放单位符合下列条件的，应当列入温室气体重点排放单位（以下简称重点排放单位）名录：

（一）属于全国碳排放权交易市场覆盖行业；

（二）年度温室气体排放量达到2.6万吨二氧化碳当量。

第九条 省级生态环境主管部门应当按照生态环境部的有关规定，确定本行政区域重点排放单位名录，向生态环境部报告，并向社会公开。

第十条 重点排放单位应当控制温室气体排放，报告碳排放数据，清缴碳排放配额，公开交易及相关活动信息，并接受生态环境主管部门的监督管理。

第十一条 存在下列情形之一的，确定名录的省级生态环境主管部门应当将相关温室气体排放单位从重点排放单位名录中移出：

（一）连续两年温室气体排放未达到2.6万吨二氧化碳当量的；

（二）因停业、关闭或者其他原因不再从事生产经营活动，因而不再排放温室气体的。

第十二条 温室气体排放单位申请纳入重点排放单位名录的，确定名录的省级生态环境主管部门应当进行核实；经核实符合本办法第八条规定条件的，应当将其纳入重点排放单位名录。

第十三条 纳入全国碳排放权交易市场的重点排放单位，不再参与地方碳排放权交易试点市场。

第三章 分配与登记

第十四条 生态环境部根据国家温室气体排放控制要求，综合考虑经济增长、产业结构调整、能源结构优化、大气污染物排放协同控制等因素，制定碳排放配额总量确定与分配方案。

省级生态环境主管部门应当根据生态环境部制定的碳排放配额总量确定与分配方案，向本行政区域内的重点排放单位分配规定年度的碳排放配额。

第十五条 碳排放配额分配以免费分配为主，可以根据国家有关要求适时引入有偿分配。

第十六条　省级生态环境主管部门确定碳排放配额后，应当书面通知重点排放单位。

重点排放单位对分配的碳排放配额有异议的，可以自接到通知之日起七个工作日内，向分配配额的省级生态环境主管部门申请复核；省级生态环境主管部门应当自接到复核申请之日起十个工作日内，作出复核决定。

第十七条　重点排放单位应当在全国碳排放权注册登记系统开立账户，进行相关业务操作。

第十八条　重点排放单位发生合并、分立等情形需要变更单位名称、碳排放配额等事项的，应当报经所在地省级生态环境主管部门审核后，向全国碳排放权注册登记机构申请变更登记。全国碳排放权注册登记机构应当通过全国碳排放权注册登记系统进行变更登记，并向社会公开。

第十九条　国家鼓励重点排放单位、机构和个人，出于减少温室气体排放等公益目的自愿注销其所持有的碳排放配额。

自愿注销的碳排放配额，在国家碳排放配额总量中予以等量核减，不再进行分配、登记或者交易。相关注销情况应当向社会公开。

第四章　排放交易

第二十条　全国碳排放权交易市场的交易产品为碳排放配额，生态环境部可以根据国家有关规定适时增加其他交易产品。

第二十一条　重点排放单位以及符合国家有关交易规则的机构和个人，是全国碳排放权交易市场的交易主体。

第二十二条　碳排放权交易应当通过全国碳排放权交易系统进行，可以采取协议转让、单向竞价或者其他符合规定的方式。

全国碳排放权交易机构应当按照生态环境部有关规定，采取有效措施，发挥全国碳排放权交易市场引导温室气体减排的作用，防止过度投机的交易行为，维护市场健康发展。

第二十三条 全国碳排放权注册登记机构应当根据全国碳排放权交易机构提供的成交结果，通过全国碳排放权注册登记系统为交易主体及时更新相关信息。

第二十四条 全国碳排放权注册登记机构和全国碳排放权交易机构应当按照国家有关规定，实现数据及时、准确、安全交换。

第五章　排放核查与配额清缴

第二十五条 重点排放单位应当根据生态环境部制定的温室气体排放核算与报告技术规范，编制该单位上一年度的温室气体排放报告，载明排放量，并于每年 3 月 31 日前报生产经营场所所在地的省级生态环境主管部门。排放报告所涉数据的原始记录和管理台账应当至少保存五年。

重点排放单位对温室气体排放报告的真实性、完整性、准确性负责。

重点排放单位编制的年度温室气体排放报告应当定期公开，接受社会监督，涉及国家秘密和商业秘密的除外。

第二十六条 省级生态环境主管部门应当组织开展对重点排放单位温室气体排放报告的核查，并将核查结果告知重点排放单位。核查结果应当作为重点排放单位碳排放配额清缴依据。

省级生态环境主管部门可以通过政府购买服务的方式委托技术服务机构提供核查服务。技术服务机构应当对提交的核查结果的真实性、完整性和准确性负责。

第二十七条 重点排放单位对核查结果有异议的，可以自被告知核查结果之日起七个工作日内，向组织核查的省级生态环境主管部门申请复核；省级生态环境主管部门应当自接到复核申请之日起十个工作日内，作出复核决定。

第二十八条 重点排放单位应当在生态环境部规定的时限内，向分配配额的省级生态环境主管部门清缴上年度的碳排放配额。清缴量应当大于等于省级生态环境主管部门核查结果确认的该单位上年度温室气体实际排放量。

第二十九条 重点排放单位每年可以使用国家核证自愿减排量抵销碳排放配额的清缴，抵销比例不得超过应清缴碳排放配额的5%。相关规定由生态环境部另行制定。

用于抵销的国家核证自愿减排量，不得来自纳入全国碳排放权交易市场配额管理的减排项目。

第六章 监督管理

第三十条 上级生态环境主管部门应当加强对下级生态环境主管部门的重点排放单位名录确定、全国碳排放权交易及相关活动情况的监督检查和指导。

第三十一条 设区的市级以上地方生态环境主管部门根据对重点排放单位温室气体排放报告的核查结果，确定监督检查重点和频次。

设区的市级以上地方生态环境主管部门应当采取"双随机、一公开"的方式，监督检查重点排放单位温室气体排放和碳排放配额清缴情况，相关情况按程序报生态环境部。

第三十二条 生态环境部和省级生态环境主管部门，应当按照职责分工，定期公开重点排放单位年度碳排放配额清缴情况等信息。

第三十三条 全国碳排放权注册登记机构和全国碳排放权交易机构应当遵守国家交易监管等相关规定，建立风险管理机制和信息披露制度，制定风险管理预案，及时公布碳排放权登记、交易、结算等信息。

全国碳排放权注册登记机构和全国碳排放权交易机构的工作人员不得利用职务便利谋取不正当利益，不得泄露商业秘密。

第三十四条 交易主体违反本办法关于碳排放权注册登记、结算或者交易相关规定的，全国碳排放权注册登记机构和全国碳排放权交易机构可以按照国家有关规定，对其采取限制交易措施。

第三十五条 鼓励公众、新闻媒体等对重点排放单位和其他交易主体的碳排放权交易及相关活动进行监督。

重点排放单位和其他交易主体应当按照生态环境部有关规定，及时公开有关全国碳排放权交易及相关活动信息，自觉接受公众监督。

第三十六条 公民、法人和其他组织发现重点排放单位和其他交易主体有违反本办法规定行为的，有权向设区的市级以上地方生态环境主管部门举报。

接受举报的生态环境主管部门应当依法予以处理，并按照有关规定反馈处理结果，同时为举报人保密。

第七章 罚 则

第三十七条 生态环境部、省级生态环境主管部门、设区的市级生态环境主管部门的有关工作人员，在全国碳排放权交易及相关活动的监督管理中滥用职权、玩忽职守、徇私舞弊的，由其上级行政机关或者监察机关责令改正，并依法给予处分。

第三十八条 全国碳排放权注册登记机构和全国碳排放权交易机构及其工作人员违反本办法规定，有下列行为之一的，由生态环境部依法给予处分，并向社会公开处理结果：

（一）利用职务便利谋取不正当利益的；

（二）有其他滥用职权、玩忽职守、徇私舞弊行为的。

全国碳排放权注册登记机构和全国碳排放权交易机构及其工作人员

违反本办法规定，泄露有关商业秘密或者有构成其他违反国家交易监管规定行为的，依照其他有关规定处理。

第三十九条 重点排放单位虚报、瞒报温室气体排放报告，或者拒绝履行温室气体排放报告义务的，由其生产经营场所所在地设区的市级以上地方生态环境主管部门责令限期改正，处一万元以上三万元以下的罚款。逾期未改正的，由重点排放单位生产经营场所所在地的省级生态环境主管部门测算其温室气体实际排放量，并将该排放量作为碳排放配额清缴的依据；对虚报、瞒报部分，等量核减其下一年度碳排放配额。

第四十条 重点排放单位未按时足额清缴碳排放配额的，由其生产经营场所所在地设区的市级以上地方生态环境主管部门责令限期改正，处二万元以上三万元以下的罚款；逾期未改正的，对欠缴部分，由重点排放单位生产经营场所所在地的省级生态环境主管部门等量核减其下一年度碳排放配额。

第四十一条 违反本办法规定，涉嫌构成犯罪的，有关生态环境主管部门应当依法移送司法机关。

第八章 附 则

第四十二条 本办法中下列用语的含义：

（一）温室气体：是指大气中吸收和重新放出红外辐射的自然和人为的气态成分，包括二氧化碳（CO_2）、甲烷（CH_4）、氧化亚氮（N_2O）、氢氟碳化物（HFCs）、全氟化碳（PFCs）、六氟化硫（SF_6）和三氟化氮（NF_3）。

（二）碳排放：是指煤炭、石油、天然气等化石能源燃烧活动和工业生产过程以及土地利用变化与林业等活动产生的温室气体排放，也包括因使用外购的电力和热力等所导致的温室气体排放。

（三）碳排放权：是指分配给重点排放单位的规定时期内的碳排

放额度。

（四）国家核证自愿减排量：是指对我国境内可再生能源、林业碳汇、甲烷利用等项目的温室气体减排效果进行量化核证，并在国家温室气体自愿减排交易注册登记系统中登记的温室气体减排量。

第四十三条　本办法自 2021 年 2 月 1 日起施行。

附件 4

碳排放权结算管理规则（试行）

第一章 总 则

第一条 为规范全国碳排放权交易的结算活动，保护全国碳排放权交易市场各参与方的合法权益，维护全国碳排放权交易市场秩序，根据《碳排放权交易管理办法（试行）》，制定本规则。

第二条 本规则适用于全国碳排放权交易的结算监督管理。全国碳排放权注册登记机构（以下简称注册登记机构）、全国碳排放权交易机构（以下简称交易机构）、交易主体及其他相关参与方应当遵守本规则。

第三条 注册登记机构负责全国碳排放权交易的统一结算，管理交易结算资金，防范结算风险。

第四条 全国碳排放权交易的结算应当遵守法律、行政法规、国家金融监管的相关规定以及注册登记机构相关业务规则等，遵循公开、公平、公正、安全和高效的原则。

第二章 资金结算账户管理

第五条 注册登记机构应当选择符合条件的商业银行作为结算银行，并在结算银行开立交易结算资金专用账户，用于存放各交易主体的交易资金和相关款项。

注册登记机构对各交易主体存入交易结算资金专用账户的交易资金实行分账管理。

注册登记机构与交易主体之间的业务资金往来，应当通过结算银行所开设的专用账户办理。

第六条 注册登记机构应与结算银行签订结算协议，依据中国人民银行等有关主管部门的规定和协议约定，保障各交易主体存入交易结算资金专用账户的交易资金安全。

第三章 结　算

第七条 在当日交易结束后，注册登记机构应当根据交易系统的成交结果，按照货银对付的原则，以每个交易主体为结算单位，通过注册登记系统进行碳排放配额与资金的逐笔全额清算和统一交收。

第八条 当日完成清算后，注册登记机构应当将结果反馈给交易机构。经双方确认无误后，注册登记机构根据清算结果完成碳排放配额和资金的交收。

第九条 当日结算完成后，注册登记机构向交易主体发送结算数据。如遇到特殊情况导致注册登记机构不能在当日发送结算数据的，注册登记机构应及时通知相关交易主体，并采取限制出入金等风险管控措施。

第十条 交易主体应当及时核对当日结算结果，对结算结果有异议的，应在下一交易日开市前，以书面形式向注册登记机构提出。交易主体在规定时间内没有对结算结果提出异议的，视作认可结算结果。

第四章 监督与风险管理

第十一条 注册登记机构针对结算过程采取以下监督措施：

（一）专岗专人。根据结算业务流程分设专职岗位，防范结算操作风险。

（二）分级审核。结算业务采取两级审核制度，初审负责结算操作及银行间头寸划拨的准确性、真实性和完整性，复审负责结算事项的合法合规性。

（三）信息保密。注册登记机构工作人员应当对结算情况和相关信息严格保密。

第十二条　注册登记机构应当制定完善的风险防范制度，构建完善的技术系统和应急响应程序，对全国碳排放权结算业务实施风险防范和控制。

第十三条　注册登记机构建立结算风险准备金制度。结算风险准备金由注册登记机构设立，用于垫付或者弥补因违约交收、技术故障、操作失误、不可抗力等造成的损失。风险准备金应当单独核算，专户存储。

第十四条　注册登记机构应当与交易机构相互配合，建立全国碳排放权交易结算风险联防联控制度。

第十五条　当出现以下情形之一的，注册登记机构应当及时发布异常情况公告，采取紧急措施化解风险：

（一）因不可抗力、不可归责于注册登记机构的重大技术故障等原因导致结算无法正常进行；

（二）交易主体及结算银行出现结算、交收危机，对结算产生或者将产生重大影响。

第十六条　注册登记机构实行风险警示制度。注册登记机构认为有必要的，可以采取发布风险警示公告，或者采取限制账户使用等措施，以警示和化解风险，涉及交易活动的应当及时通知交易机构。

出现下列情形之一的，注册登记机构可以要求交易主体报告情况，向相关机构或者人员发出风险警示并采取限制账户使用等处置措施：

（一）交易主体碳排放配额、资金持仓量变化波动较大；

（二）交易主体的碳排放配额被法院冻结、扣划的；

（三）其他违反国家法律、行政法规和部门规章规定的情况。

第十七条 提供结算业务的银行不得参与碳排放权交易。

第十八条 交易主体发生交收违约的，注册登记机构应当通知交易主体在规定期限内补足资金，交易主体未在规定时间内补足资金的，注册登记机构应当使用结算风险准备金或自有资金予以弥补，并向违约方追偿。

第十九条 交易主体涉嫌重大违法违规，正在被司法机关、国家监察机关和生态环境部调查的，注册登记机构可以对其采取限制登记账户使用的措施，其中涉及交易活动的应当及时通知交易机构，经交易机构确认后采取相关限制措施。

第五章 附 则

第二十条 清算：是指按照确定的规则计算碳排放权和资金的应收应付数额的行为。

交收：是指根据确定的清算结果，通过变更碳排放权和资金履行相关债权债务的行为。

头寸：指的是银行当前所有可以运用的资金的总和，主要包括在中国人民银行的超额准备金、存放同业清算款项净额、银行存款以及现金等部分。

第二十一条 注册登记机构可以根据本规则制定结算业务规则等实施细则。

第二十二条 本规则自公布之日起施行。

后　　记

全国碳排放权交易市场自 2021 年 7 月正式上线交易以来，已经平稳运行了近三年的时间。目前市场已经顺利完成两个履约周期，碳排放核算和管理能力明显提高，市场活跃度有所提升，并成为全球覆盖温室气体排放量最大的碳市场。近三年来，碳市场履约驱动、参与主体和交易品种单一等问题也被行业关注和讨论。在此背景下，本书聚焦探讨我国碳期货市场建设的若干重点问题，其主要内容是以中国金融学会绿色金融专业委员会碳金融研究小组前期完成的专题报告为基础，并对部分碳市场发展数据和情况进行了更新与补充，也是课题组成员对碳市场发展的一个阶段性思考。

在本书的编辑出版过程中，北京绿色金融协会和中央财经大学绿色金融国际研究院曾给予大力支持，相关研究人员对书稿结构、框架和内容进行了多次讨论，许小虎、洪睿晨等参与了相关章节内容的形成与完善，在此一并表示衷心的感谢。希望本书能够帮助相关研究人员和业务人士增强对碳期货市场的了解，并参与到碳期货市场的相关讨论和建设中来。由于本书研究内容较为前沿、成书仓促以及作者能力有限，不足之处在所难免，恳请广大读者批评指正。